致历史上的那些英雄

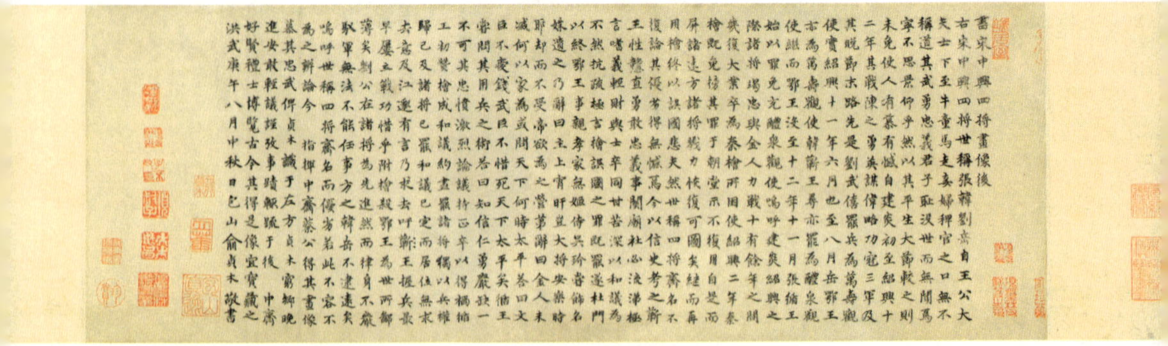
書宋中興四將畫像後
古宋中興四將世稱張韓劉岳自王公大
夫士下至牛童馬走妾婦稗官之口無不
稱道其武勇忠義君子恥沒世而無聞焉
寧不思景仰乎然以其平生大節較之則
未免使人有慕有憾自建炎初至紹興十
二年其戰陳之勇英謀偉略功冠三軍及
其晚節亦略先是劉武僖罷兵為萬壽觀
使實紹興十一年六月也至八月岳鄂王
亦為萬壽觀使韓蘄王尋亦罷為醴泉觀
使繼而鄂王沒至十二年十一月張循王
始以罷兵充醴泉觀使嗚呼建炎紹興之
際諸將竭忠與金人力戰十有餘年之間
幾復大業卒為秦檜所用使紹興二年秦
檜既免榜其罪于朝堂示不復用自是而
屏諸遠方諸將戮力恢復可圖矣繼而再
用檜終以誤國患夫然世稱四將齊名不
復論其優劣得無憾焉今以信史考之蘄
王性戇直勇敢忠義事關廟社必淚涕極
言嗜義輕財與士卒同甘苦深以和議為
不然抗疏極言檜誤國之罪既罷遂杜門
以終鄂王事親孝家無姬侍吳玠嘗飾名
姝遺之乃辭曰主上宵旰豈大將安樂時
耶卻而不受帝欲為之營第辭曰金人未
滅何以家為或問天下何時太平答曰文
臣不愛錢武臣不惜死天下太平矣循王
嘗問其用兵之術答曰知信仁勇嚴缺一
不可其忠憤激烈議論持正卒以得禍惟
王初贊檜成和議約盡罷諸將獨以兵權
歸己及諸將已罷和議已定而居位無求
去意及江邈有言乃求去吁蘄王握兵最
早屢立戰功惜乎附檜殺鄂王為世所鄙
薄矣劉公在諸將為先進然而律身不嚴
馭軍無法不能任事方之韓岳不逮遠矣
嗚呼世稱四將齊名而優劣若此不容不
為之辨論今 指揮中齋蔡公得其畫像
慕其忠武俾貞木識于左方貞木竊鄉晚
進安敢輕議姑攷事蹟敘跋于後 中齋
好賢禮士博覽古今其得是像宜寶藏之
洪武庚午八月中秋日巳山俞貞木敬書

《中兴四将图》【南宋】刘松年 绢本设色 中国国家博物馆藏

“中兴四将”指南宋初期四位著名将领岳飞、韩世忠、刘光世和张俊。他们历经北宋靖康之变之后，为抵御金人的南下、促成南宋的中兴事业立下了赫赫战功。在这幅画作中，四位将领的形象各具特色，或威武或庄重，或深沉或平静，他们不同的个性形象和他们之间的争议也体现了南宋朝廷中主和派与主战派之间的斗争和妥协，以及皇帝和权臣对于军事将领的控制和利用，反映了南宋时期复杂的政治和军事环境。

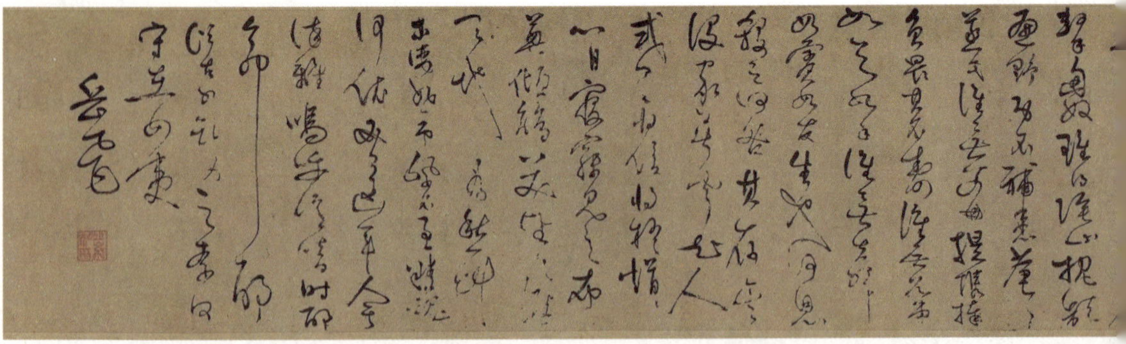

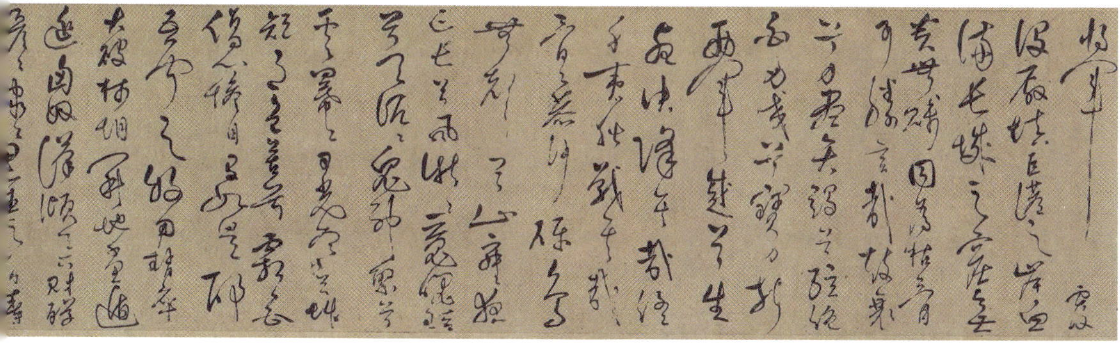

《悼古战场》(局部)【南宋】岳飞 草书

岳飞手书《悼古战场》(又称《吊古战场文》)，相传是岳飞在阅读了唐代作家李华的同名作品后，深感其悲壮与苍凉，于是挥毫泼墨，用草书抄录了这篇文章，笔墨强健，斗志凛然，没有疏松虚浮之感，被后人誉为“忠良”之作。

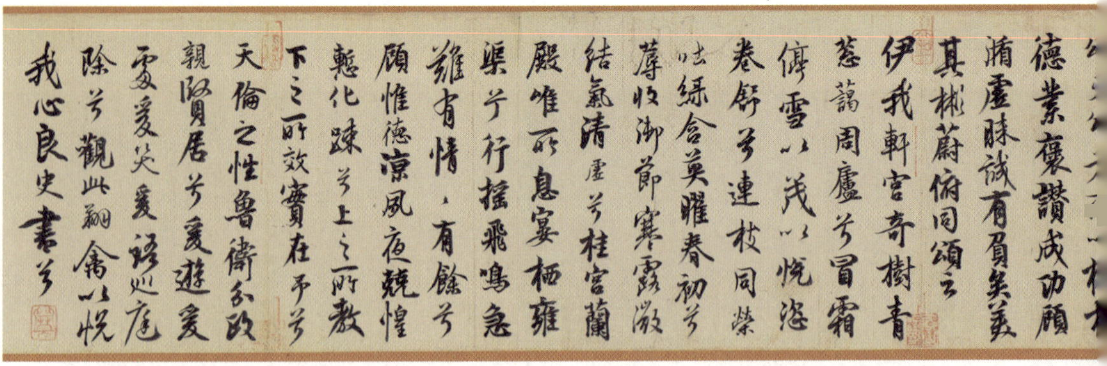

《鹡鸰颂》并序（原文）

朕之兄弟，唯有五人，比为方伯，岁一朝见。虽载崇藩屏，而有睽谈笑，是以辍牧人而各守京职。每听政之后，延入宫掖，申友于之志，咏《常棣》之诗，邕邕如，怡怡如，展天伦之爱也。秋九月辛酉，有鹡鸰千数，栖集於麟德（殿）之庭树，竟旬焉，飞鸣行摇，得在原之趣，昆季相乐，纵目而观者久之，逼之不惧，翔集自若。朕以为常鸟，无所志怀。左清道率府长史魏光乘，才雄白凤，辩壮碧鸡，以其宏达博识，召至轩槛，预观其事，以献其颂。夫颂者，所以揄扬德业，褒赞成功，顾循虚昧，诚有负矣。美其彬蔚，俯同颂云。伊我轩宫，奇树青葱，蔼周庐兮。冒霜停雪，以茂以悦，恣卷舒兮。连枝同荣，吐绿含英，曜春初兮。蓐收御节，寒露微结，气清虚兮。桂宫兰殿，唯所息宴，栖雍渠兮。行摇飞鸣，急难有情，情有馀兮。顾惟德凉，夙夜兢惶，惭化疏兮。上之所教，下之所效，实在予兮。天伦之性，鲁卫分政，亲贤居兮。爰游爰处，爰笑爰语，巡庭除兮。观此翔禽，以悦我心，良史书兮。

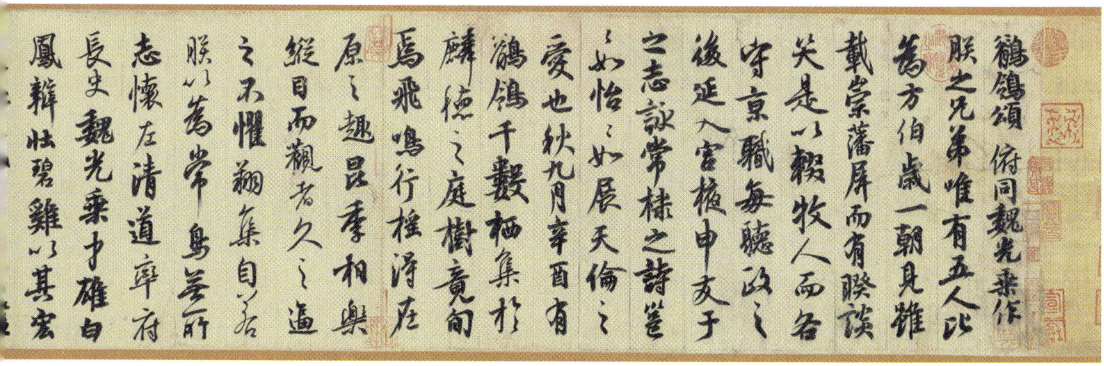

《鹡鸰颂》【唐】唐玄宗 纸本 行书 台北故宫博物院藏

唐玄宗李隆基（685—762），又称唐明皇，唐睿宗李旦第三子。李隆基与太平公主合谋发动唐隆政变，杀死韦皇后，并拥立其父李旦复辟为唐睿宗。李宪是唐睿宗李旦的嫡长子，原名李成器，是唐玄宗李隆基同父异母的哥哥。在唐隆政变后，他主动让出了皇位继承权，将太子之位让给了李隆基，被李隆基追封为“让皇帝”。这一举动展现了李宪的谦让和大度，李隆基对李宪的谦让行为十分感激，两人之间的兄弟情谊在历史上被传为佳话。

《鹡鸰颂》是现存唐玄宗唯一的墨迹，后面还有书法家蔡京、蔡卞以及王文治跋。其中王文治跋大赞李隆基的书法："帝王之书，行墨间具含龙章凤姿，非人文臣者所能彷佛，观此颂犹令人想见开元英明卓逾时也。"《诗经·棠棣》中有描述鹡鸰鸟的诗句："脊令在原，兄弟急难。"鹡鸰鸟遂成为兄弟在危难时相互扶持、友爱的象征。此作以“鹡鸰”为题，并提到“咏《常棣》（亦作‘棠棣’）之诗”，表达唐玄宗对于兄弟情谊的珍视和赞美。

华景时代

北京华景时代文化传媒有限公司 出品

历史的照妖镜

烟雨萧十一 著

江苏凤凰文艺出版社
JIANGSU PHOENIX LITERATURE AND ART PUBLISHING

图书在版编目（CIP）数据

历史的照妖镜 / 烟雨，萧十一著. -- 南京：江苏凤凰文艺出版社，2024. 9. -- ISBN 978-7-5594-8925-8

Ⅰ. K820.2

中国国家版本馆 CIP 数据核字第 2024EF6693 号

历史的照妖镜

烟雨　萧十一 著

责任编辑　杨威威
策划编辑　高　艳
封面设计　WONDERLAND Book design 仙境 QQ:344581934
版式设计　张　敏
责任印制　杨　丹
出版发行　江苏凤凰文艺出版社
　　　　　南京市中央路 165 号，邮编：210009
网　　址　http://www.jswenyi.com
印　　刷　北京中科印刷有限公司
开　　本　690mm × 980mm　1/16
印　　张　18
字　　数　200 千字
版　　次　2024 年 9 月第 1 版
印　　次　2024 年 9 月第 1 次印刷
书　　号　ISBN 978-7-5594-8925-8
定　　价　68.00 元

序

记得那天，六神磊磊给我发了条微信消息。

他在微信里和我说，他的团队中有两位成员即将出版一本以宋史为主、横跨多个历史时期的书，并希望请我作序。

我一开始以为只是简单地推荐几句，得知是撰写序言时，难免有些受宠若惊。再看到六神磊磊又“幽怨”地发来一句话后，心情就更好了——他说：“我明显能感觉到他们不大在乎我写序……”

很快，我收到了六神磊磊发来的电子书稿。第二天我正好要和家人出去旅游，所以就和他说等我回来再看。结果在旅途的高铁上，不经意间打开，竟然看得入迷，一发而不可收，差点忘了到站下车。

一下火车，我就向六神磊磊打听他这两位团队成员。我去过几次他的办公室，或许曾与他们照面，或许并没有。现在得知，这两位才华横溢的作者，笔名分别为烟雨和萧十一，年约三十，早已是六神磊磊团队中的核心成员，参与过多部作品的创作与出版。

这次他们合著的《历史的照妖镜》，书名挺有意思的：古人说“以史为镜”，既然是镜子，可以正衣冠，自然也可以照妖魔。

全书分为三章，以岳飞这一历史人物为核心，串联起十四个不同历史时期的人物和故事，展现了这些人物的多面性和复杂性。这些人物跨越了汉、唐、宋、明、清等多个朝代，既有宋朝的韩侂胄、张邦昌、狄青、秦桧、文天祥，也有明朝的于谦、戚继光、袁崇焕，甚至还包括了唐朝的李宪、清朝的刘鹗以及三国时期的司马昭等。看似纷繁复杂的人物和故事背后有一条贯穿始终的主线，最终都汇聚于一个核心的灵魂——岳飞。

这本书不仅是一本有趣的历史读物，更是一部关于人性、选择和命运的深度剖析之作。两位青年才俊以他们独特的视角和精湛的文笔，为我们呈现了一幅幅鲜活的历史画卷，并将一个个历史人物的正反两面徐徐展开在读者的面前。

他们的文字既幽默风趣，又有严谨的出处考证，力求让读者在轻松愉快的氛围中了解历史、思考历史，比如：张邦昌真的是铁了心要丧权辱国吗？刺杀秦桧的人真的就是大英雄吗？韩侂胄到底是奸臣还是忠臣？袁崇焕到底死得冤不冤……

历史，就像一面镜子，既能映照出人性的光辉，也能揭露其阴暗面。历史人物绝不是非忠即奸、非黑即白的，这需要我们静一静心，沉一沉思，多听一些，多看一些……以更全面、更客观的视角去审视历史。当然，如果有像两位作者这样会讲故事的人来做一下引导，那就更好了。他们呈现的历史人物，不再是单一、刻板的形象，而是具有多面性和复杂性的真实存在。

我非常荣幸能为本书作序，也衷心希望，这本书能够得到更多人的喜爱。同时，我也期待两位作者能够继续创作出更多优秀的作品，为我们呈现更多精彩的历史故事。

畅销书作家 馒头大师（张玮）

岳飞像轴 绢本设色 北京故宫博物院藏

岳飞（1103—1142），字鹏举，相州汤阴（今河南省汤阴县）人，南宋初抗金名将。一生尽忠报国，率领岳家军驰骋沙场，多次击败金军，收复失地。因主张北伐，反对和议，被秦桧等陷害，以“莫须有”的罪名被杀害。

贰 历史镜像——照见不同时代的岳飞身影

叁 镜中众生相——历史人物的多重面貌

目录

引子

岳飞之死
——1142 年的一面照妖镜

一

那年，岳飞从前线撤军了，被十几道金牌召回。

他不知道，等待他的将是灭顶之灾。从他被解除兵权，投入临安府大狱，到含冤而死，这套流程走完，也不过一年时间。

在最后的供状上，只留下“天日昭昭，天日昭昭”八个字。

史书记载：“天下冤之，闻者流涕。”

一般，关于岳飞的故事说到他死亡的那一刻就结束了，但这一事件的背后，几个小人物的不同选择，也颇值得玩味。

岳飞之死，犹如一面照妖镜，照出了当时的众生百态。

二

杀死岳飞，很容易，也很困难。

容易在于，这是宋高宗特地下达的旨意，二指宽的条子递进去，人说没就没，谁拦都不好使。

而难则难在，擅杀功臣这种事站不住脚，容易遭人诟病，谁杀谁担责。

当时韩世忠特地跟秦桧聊起这件事，秦桧回答："虽不明，其事体莫须有。"

意思很明确，这事有没有罪名并不重要，是上面那位的意思。

韩世忠答："'莫须有'三字，何以服天下？"他说对了，这桩案子，天下人是不会服气的。

为了在舆论上站得住脚，朝廷特地将岳飞"逮系诏狱"的事，"榜示"朝野。不仅要弄死岳飞，还要把他的名声搞臭，将其定为叛臣逆党，打成大坏蛋。

结果，民智水平都很高，大家压根儿不相信，反而引起了他们剧烈的反弹。

从岳飞入狱到被杀期间，南宋朝野像是被投入了一颗炸弹，炸翻了天。

三

岳飞蒙冤下狱是当时牵连最广的政治案件。

一边疯了一样为岳飞上书，申冤，另一边铁了心要惩办岳飞。

赵构也是铆上了：既然这么多人要仗义执言，那就成全你们，干脆一并都办了。

负责审理案件的大理寺丞李若朴、何彦猷，不肯配合皇帝的意思，不理会赵构在那边使眼色，率先为岳飞开脱，认定他无罪。

赵构一掀桌子，连个案子都不会审，你们俩都别干了，于是将二人双双革职，换个人来继续审，直到审出他要的结果为止。

御史中丞何铸是赵构的人，他被寄予厚望去罗织罪名，审讯岳飞。

结果岳飞一脱衣服，露出背后“尽忠报国”四个字。何铸双手一摊，原地变节，把这活儿推了：不好意思，批斗这个人我怕是要被戳脊梁骨，谁爱去谁去。

赵构气得二次掀桌，何铸被罢了官，后被贬谪徽州。

枢密院编修胡铨，一个八品小官，上书不只要为岳飞鸣冤，还请斩秦桧，结果被贬谪海南。

如果说这些人分量不够，还有一个人，齐安郡王赵士㒟，他是正儿八经的皇亲国戚，跑去找皇帝当面理论，什么狠话都放了，大概是说：如果岳飞有问题，你把我全家百口人杀了都行。

结果呢，管你什么皇亲国戚，为岳飞求情，搞你没商量。很快，赵士㒟被“罢其宗司职事”，后“窜死建州”。

除了那些站出来说话的，倒霉的还有那些跟岳飞有渊源的，他们在那段时间纷纷垮台。

有个姓李的小校，被岳飞牵连，“编置全州”。

有个叫黄彦节的宦官，就因为受过岳飞恩惠，导致“枷项，送容州编管”。

那时候，朝堂上互相攻讦最狠的话就是：“你跟岳飞有关系。”

这种指控杀人不见血。比如，有人说前荆湖北路安抚使刘洪道与岳飞过从甚密，结果刘洪道就被流放柳州。

在朝廷里百官斗得不可开交之际，民间传来了为岳飞鸣不平的声音。

四

第一个人，叫刘允升。

可能九成九的人都没听过这个名字。

很正常，这个人非富非贵，生辰年岁，史书上一概没写，是个货真价实的平头老百姓。

当时岳飞刚下狱，不服气的人很多，为其叫屈的人也很多，刘允升就是其中之一。

他不满足于只做个围观的人，他还很天真地想去参加辩论，要跟朝廷讲一讲道理，想让朝廷知道岳飞是忠臣。

你说他傻不傻，岳飞是忠臣还是奸臣，皇帝不知道吗，当朝百官不知道吗，还要你多说?

“肉食者谋之”的事情，你一个平民搅和进去干什么呢?就算政治敏感度再差，往朝堂里看看，那么多被贬为庶民、流放异乡的，都是前车之鉴。

这么多高官要员，都在岳飞这事上翻车了，你刘允升，一个升斗小民，竟然还主动往前凑，何德何能啊?

朝廷上的反对派对官员下手再黑，好歹要遵守大原则，留一条生路。即使是芝麻绿豆大的官，最多是被免官流放了事，少有直接弄死的。你一介布衣竟然自己送上门来找不痛快，下场用脚指头也猜想得到。刘允升的状纸刚递上去不久，就被杀了。

不久之后，岳飞也冤死狱中，刘允升的上书，对岳飞的案子毫无助益，还白白搭上了自己的性命。

唯有史官记住了这个名字，在正史里留下一句："布衣刘允升上书讼飞冤，下棘寺[①]以死。"

五

在当时的朝堂上，也不全是硬骨头，见风使舵的伪君子也不在少数。比如当时的漳州知府。

岳飞已死，并被贴上了叛逆的标签，他的家人都被牵连，流放到了苦地方，钱粮都按最低计数发放，只能勉强度日。

漳州知府揣摩上意，感到落井下石是稳赚不赔的买卖，于是他写了一封奏折，提议中断对岳家的生活供给，行钝刀杀人之法。就这事，秦桧没搭理他。

类似这样的人，朝堂里也有，比如姚岳。他是当时的左朝散郎。他跟岳飞是有交情的，原本关系还不错，岳飞出事后，他快速跟岳飞划清界限，当不认识这人。

岳飞死后很多年，尸骨都凉了。本来人死如灯灭，有什么都该翻篇了。姚岳聪明得很，知道皇上时隔多年仍旧对"岳飞"这两个字着急上火，有天他灵光一闪，觉得这事还有剩余价值可以压榨。于是把

① 棘寺是大理寺的别称，源于古代听讼于棘木之下的传统。

岳飞从故纸堆里刨出来，跑去向皇帝建言献策，怒表了一波忠心。他原话是这么说的：

> 乱臣贼子侵叛王略，州郡不幸污染其间，则当与之惟新。今夫岳飞躬为叛乱，以干天诛，虽讫伏其辜，然湖、湘、汉、沔皆其生时提封之内，而巴陵郡犹为岳州，以叛臣故地又与其姓同，顾莫之或改。

这用词相当恶毒，大致说，为了消除岳飞这个叛贼的影响力，我们不如把跟这个名字有关的地方名都改了算了。

神奇的是，这个建议竟然真的通过了。

赵构下诏：改岳州为纯州，岳阳军为华容军。

六

当时，朝堂上的风气用一句话来形容就是：

> 岳飞卒于狱，时廷臣畏祸，莫敢有言者。

在这种情况下，第三个人登场了，他叫隗顺，只是一个小小的狱卒，在官僚体系中是妥妥的底层人士。

岳飞之死卷起的这场朝堂风云，各路权贵大臣的倾轧，并没有波及他。

作为一个底层小官员，他看到了岳飞被羁押、收监、处死的全过程，他对岳飞的冤屈看得比别人更深切，也知道跟这个人沾边的事有莫大凶险，但他还是觉得自己应该做点什么。

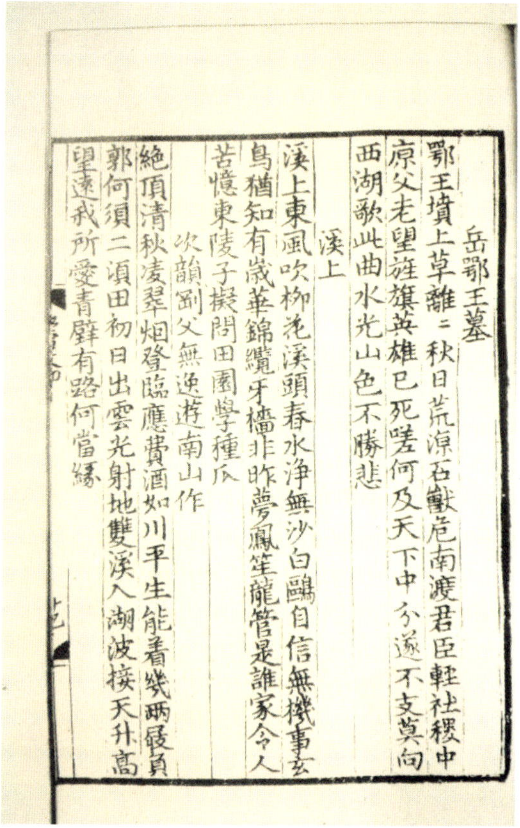

岳鄂王墓

鄂王墳上草離〻秋日荒凉石獸危南渡君臣輕社稷中原父老望旌旗英雄已死嗟何及天下中分遂不支莫向西湖歌此曲水光山色不勝悲

溪上

溪上東風吹柳花溪頭春水浄無沙白鷗自信無機事玄鳥猶知有歲華錦纜牙檣非昨夢鳳笙龍管是誰家令人苦憶東陵子擬問田園學種瓜

次韻剛父無逸遊南山作

絕頂清秋凌翠烟登臨應費酒如川平生能看幾兩屐眞郭何須二頃田初日出雲光射地雙溪入湖波接天升高望遠我所愛青壁有路何當緣

《岳鄂王墓》【元】赵孟頫《松雪斋文集》书影

《岳鄂王墓》是宋朝皇帝的宗亲、元朝书法家赵孟頫凭吊岳飞墓时所作诗歌，全诗云：“鄂王坟上草离离，秋日荒凉石兽危。南渡君臣轻社稷，中原父老望旌旗。英雄已死嗟何及，天下中分遂不支。莫向西湖歌此曲，水光山色不胜悲。”

作者通过“南渡君臣轻社稷，中原父老望旌旗”表达对南宋朝廷苟安享乐、不思北进的谴责，以及饱受战乱之苦的中原父老对北伐中原、恢复故土的期盼，感慨“英雄已死嗟何及，天下中分遂不支”，自从岳飞这位能够承担中兴重任的英雄冤死，南宋逐渐衰亡，这种对比凸显了作者深深的愤慨以及对岳飞的哀悼和敬仰之情。

一天，趁着夜色，隗顺找到岳飞的遗体，背在身上，绕过监守人员逃出了城，将其葬在北山边上，入土为安。隗顺不敢立碑，找来两棵橘子树种上，方便日后辨认。

做完这一切，回去之后，隗顺什么也没有说，将这件事放在心里守了一辈子。

你说他图什么呢？在当时那种高压政策下，私下为岳飞说句好话都要倒霉的，一个跟岳飞八竿子打不到一块儿去的狱卒，吃了熊心豹子胆，敢给岳飞收尸。一旦被发现，八成连申辩的机会都没有就被拖下去斩首了。

但隗顺就这么做了，老死之际，他才跟儿子吐露这个藏在心里多年的秘密，并嘱咐道："如果今后朝廷为岳飞翻案，要寻找他的尸体，为他正名礼葬，你就把位置告诉他们。"

从这番话中不难看出，他相信公道和正义，相信终有一天世道会还岳飞清白。

终于，1162 年，宋孝宗继位，马上下旨为岳飞平反：

> 卿家冤枉，朕悉知之，天下共知其冤。

并赐其谥号"武穆"[①]。

到了这个时候，岳飞的尸体才重见天日：

> 尸色如生，尚可更敛礼服。

此后，岳飞极尽哀荣，生平故事被长久传颂，但是很少有人知道，

---

① 宋朝朝廷初拟谥号"忠愍"，次年将谥号改为"武穆"，"武"代表武功卓绝，"穆"代表德行美好。

有这么一些小人物，曾为了岳飞的事，抗争过，奔走过，甚至付出了生命的代价。

他们的行为也许无足轻重，跟那些大人物更是没法相提并论，而且也只能在史书的只言片语中寻找到他们存在过的证明，但他们的行为值得人们尊重、感怀。

有时候，小人物在历史上散发的光，也会熠熠生辉。

壹

满江红

——烽火时代的忠奸镜鉴

宰相张邦昌

——一个忠心耿耿的“宋奸”的真相

一

且把时间从岳飞之死往前拨，拨回南宋之前的北宋末年，从头说起。

这一年是北宋靖康元年（1126 年），闰十一月末，北宋王朝的首都汴京城被金兵团团围困、层层封锁，一时间可谓水泄不通。

这些天，汴京城里的气氛显得颇为紧张和压抑，城里众人的情绪固然紧张，却还没彻底绝望。

他们此时仅存的一点希望，是驻扎在离汴京城不远的相州的兵马大元帅的康王赵构。大家都盼着赵构能“速领兵入卫王室”，及时前来勤王。

令大家没想到的是，这点希望的光变得越来越微弱，越来越虚无缥缈。十二月初一的赵构尚且还在相州成立元帅府，十二月十四就到了更远的大名府，十二月十九又到了更后方的东平府。

于是金兵得以从容攻破汴京城，随后疯狂地搜刮汴京城的各种金银财宝、古器典籍。最后又掳走徽、钦二帝，以及后妃、嫔御、诸王、王妃、公主、驸马等大量皇室成员，还有众多朝廷官员、各行各业的百姓。这就等于是把整个汴京城都抽了个真空，直接打包带走。

如此一来，等到金人要撤退的时候，整个汴京城也就出现了巨大的权力真空。同时也给金人留下了一个难题，接下来该怎么处理汴京城呢？金人想来想去，为了避免赵宋东山再起，也为了便于自家管理，干脆扶植一个足够听话的新皇帝。所以金人对城内的大臣们提出要求：不能“复立赵氏”，要“别择异姓”，干脆你们自己选一个皇帝出来吧。另外，要是你们不选，或者选不出来，那就“举兵入”。

尽管金人没明说，但城里的人都明白，如若不从，势必迎来金人更恐怖的屠城报复。接到这个任务的汴京城里的大臣们都是蒙的。城里的自家皇帝钦宗已经投降了，城外勤王的赵构也靠不住了，眼看金人磨刀霍霍地说要屠城，所以还是得另选皇帝。

剩下的这些大臣们智商都在线，谁都知道这傀儡皇帝不好当，可以说是既有性命之忧，又可能背负“宋奸”之名，而好处全无。所以在场的各位大臣你推来我推去，谁也不愿意当这个倒霉的傀儡皇帝。

很快，大臣们很是机灵地想到了一点，既然在场的大家都推来推去，那干脆推荐个不在场的呗。于是经过一番核查之后，发现在担任过宰执一职的大臣里，只有太宰张邦昌不在场。于是大家就将张邦昌的名字报了上去。金人见名单报上来的是“张邦昌”，倒也非常认可。

张邦昌何许人也？他是永静军东光县人（今河北人）。张邦昌是进士出身，个人修养也相当不错，“识敏而器宏，才全而学博”。同时也不乏个人的高光时刻，还曾经批评过大奸臣童贯，“尝与童贯议事，面折其短，士论美之”。就是这样一个还算不错的人，因为当时不在场，就摊上了这样大的事。

在众大臣纷纷推卸责任的时候，不在场的张邦昌本人又在哪里？是做私事去了？还是像康王赵构一般外逃谋私利了？答案是，老张正在金营替大伙当人质呢。其实张邦昌被推去做这种苦差事，也不是一次两次了。

早在靖康元年的正月，宋钦宗开始和金人求和的时候，被派出去充当割地议和的使者，或者说被派出去的人质就是康王赵构和少宰张邦昌。对于朝廷大臣来讲，割地使可不是什么公费旅行的美差，而是要忍辱负重的，干的是丧权辱国的苦活儿。有意思的是，大家没人敢呵斥幕后答应割让土地的皇帝，只会辱骂台前走流程的割地使。

临行前，张邦昌向钦宗要割地圣旨时，钦宗果断不予。随后要河北印绶，又不予。这就等于说，这个割地的恶名，你张邦昌就担了哈。从这里也能看出，钦宗根本就没想让张邦昌回来。

不久，人质康王赵构就被钦宗的五弟肃王赵枢给换回去了，而张邦昌呢，则由“少宰”升任为“太宰”兼门下侍郎，表面上是升官了，但实际上是更加有苦难言。那边康王赵构得以溜之大吉，这边张邦昌就只能被迫跟着金人一路北上燕京。

在张邦昌跟着金人一路北上的路途里，因为胆怯懦弱，所谓“小胆怕事特甚”，沿途也就基本上是金人说什么，他就听什么，自己既无主见，更不敢反抗金人。

以至于当时人都批评张邦昌："闻播迁之说则乐从，画效死之计则退缩。"又或者还有更严苛的批评："敌所言者从之，敌所欲者与之，不闻有忠义一言奋然以折敌人之心。"

总之，在大家眼里，张邦昌就是一个贪生怕死的议和派，不少人都曾缩在汴京城的温室里，大义凛然地弹劾张邦昌就是个"社稷之贼"。

可对于张邦昌个人来讲，自己孑然一身处在虎狼一样的异域，又被国内的皇帝和同僚抛弃。面对整个大宋都无力对抗的金人，他个人又能怎么办呢？

二

在金国滞留了足足一年的张邦昌，等到次年也就是靖康二年（1127年）正月十五的时候，终于抵达了汴京城外的金营。

因为高度机密，这时候的张邦昌对自己已经被城里的大臣们"拥立"为帝的事，还一无所知。此时望着近在咫尺的汴京城，张邦昌本人大概暗暗松了一口气，这足足一年多做人质的煎熬时光，可算是撑到头了。

这时候城内带头主事的是吏部尚书王时雍。等到要起草公开劝进张邦昌为帝的推戴状时，大家又开始互相推脱，礼部员外郎吴懋就托病不肯下笔，最后由一个叫王绍的人写好，吏部尚书王时雍第一个在推戴状上签名，之后大家才纷纷借坡下驴，签上自己的名字。

除了官员集体签名外，就连士庶僧道等百姓也要通通跟着签名，

南宋高宗画像

南宋高宗赵构（1107—1187），是南宋的开国皇帝(1127—1162 年在位)，也是宋朝的第十位皇帝。他是宋徽宗赵佶的第九个儿子，母亲是显仁皇后韦氏。赵构在靖康之变后于南京应天府（今河南商丘）即位，年号建炎，寓意着以火克金，重建宋朝，史称“南宋”。

表示支持。唯一例外的倒是身为御史中丞的秦桧，非但拒不签名，反而刚直地表示要“乞立赵氏”，从而闹了个小插曲。随后秦桧就被愤怒的金人抓了过去，因为金人老早就规定了不能“复立赵氏”。

直到二月末，金将刘彦宗、刘思等人在拿到汴京城百官交出的推戴状后，才将城内百官劝进张邦昌当皇帝的事情告诉张邦昌。

得知这一消息的张邦昌，绷不住了，一时间是既呵责刘彦宗，又骂城中百官，随后便要绝食寻死，坚决表示“必欲立邦昌，请继以死”。

刘彦宗等金人也很会来事，也相当擅长踢皮球。只要能把张邦昌活着送进城，自然有城内宋朝的大臣来劝。所以该送进城的还得送。于是便一方面派了十来个士兵守着张邦昌，以免出事；一方面又欺哄张邦昌说，我们要立赵氏太子为皇帝，你只是回去当宰相的，张邦昌这才答应进城。

等到三月初一这一天，金人正式派人送张邦昌进汴京城。城里的大臣们便先按照宰相的礼节迎接张邦昌进城，等到宋金两边交接完毕，金人打马便回，压力顿时转给城内大臣。入城的张邦昌没有直接入住皇宫，而是住回了尚书省，随后百官便齐齐请张邦昌登皇帝位，无形的泰山一样的压力又继续给到张邦昌。

张邦昌虽然软弱，但并不傻，很快就明白过来是怎么一回事，当即表示浑身上下各种不适，腰也酸，背也疼，饭也吃不下。并且他还发起反攻：“你们大家都怕死，把麻烦甩给我，难道我就不怕吗？”

这时百官也慌了，大家以为金人早就说服了张邦昌，张邦昌本人也早就答应了，可谁知根本就不是这么回事。一时间，大家都暗骂金人不是东西。

可金人却不管这么多，等到第二天，也就是三月初二这天，金人就来信明确表示："限三日立邦昌，不立，城中尽行杀戮。"这消息传来，整个汴京城的人心态近乎都崩溃了。这样一来，一层层恐怖的阴云简直像是李贺的诗句"黑云压城城欲摧"一般，狠狠地压在了每一颗脆弱的心上。

百官见时间紧迫，压力巨大，便只好先稳住城外虎视眈眈的金人，诈称张邦昌已经答应做皇帝，但还需要三天准备时间，也就是说三月初七就能举行登基仪式。金人答应了，但留给百官的时间也已经不多了。

于是，不仅仅百官轮番上阵劝说张邦昌，就连城中的那些百姓也都纷纷来劝说张邦昌，一把鼻涕一把泪，好不热闹。

尽管如此，张邦昌还是不为所动，硬是绝食了四天。最后实在招架不住大家一轮又一轮、各种软硬兼施的劝说，便抽出刀来要自杀。这么多人在场，人们哪里会让张邦昌就这么死了，当即就有人发出凌厉至极的逼问："相公你怎么不在城外死，而偏要跑回城里死呢？这样岂不是来祸害我们一城百姓吗？"

话说到这个份上，再无转圜的余地。张邦昌还能怎么说呢？

于是又有人进一步劝说，消解张邦昌的顾虑："相公你当皇帝只是暂时的，一旦金人退却，你到底要做伊尹，还是王莽，不都是由你自己抉择吗？"

事已至此，前前后后、方方面面的话都被大家说尽了，张邦昌还能怎么办呢，只得勉强答应，并一再对大家强调："我这可是拿自己九族性命，换取一城人的性命。”说到底，张邦昌还是希望大家能够记住自己是万不得已的，到时候为他证明清白。但这种极度敏感的事情，日后到底会怎么样，大家到时候认不认，谁也说不准。

到了三月初七，登基大典的最后一刻，张邦昌还想做最后的努力，又是痛哭，又是“佯为惛愦欲仆”状，奢望能够凭借这一精湛演技混过去。但事情都到这最后一步了，大家硬是把张邦昌给救了过来，并送到宣德门的西门阙，随后进行一系列颇为繁琐的登基仪式。

期间，金人又派遣了许多使者，赐给张邦昌许多礼物，然后张邦昌向北拜舞，这一举动象征着他接受金国的领导，表明自己虽然是大楚皇帝，但却是大金国的附庸。眼见张邦昌接受册封并拜谢之后，金人很满意地拍拍屁股离开了。

但张邦昌要演的这出戏，却还远没结束。

三

等到金人退出之后，张邦昌和汴京城里百官之间的又一场大戏也就正式上演了。

这时候的张邦昌，就像是进贾府的林黛玉，步步留心，时时在意。一举一动都在尽力避嫌，想要最大程度消解和规避这次登基的顶级风险。

等到百官应当朝贺之时，张邦昌便由之前的宣德门过大庆殿入文德殿。此后张邦昌就将开会办公的地点也设在这里，按照以往的惯例来讲，皇帝办公应当是在紫宸殿或垂拱殿。

这时候，有人安排了皇帝专用的帝辇，但张邦昌弃而不用，仍旧坚持步行。

等到正式入殿之后，原本皇帝的正位是南向放置，张邦昌则在西向的座椅上坐下，接受百官的朝贺。随后以王时雍为首的百官要行跪拜大礼时，张邦昌便赶紧下令说大家不用跪拜，再一次表示自己是为了全城百姓才迫不得已而为之的，并不是真想当皇帝。

可王时雍很会来事儿，眼见此刻是真变天了，坚持要率领百官行大礼，各种谄媚讨好张邦昌。搞得张邦昌只能连忙转身，“东面拱立”，表示自己拒不接受，以示清白。

这一套流程走下来，就连当时在旁的侍卫们都大发感叹：“以前平日里都是看那些唱戏的伶人来装假官人（皇帝），今天却看到了张太宰来装假官家（皇帝）。”

等到一切仪式结束，不管张邦昌本人乐不乐意当大楚皇帝，乐意为大楚做事的官员却不在少数。比如特别会来事儿的王时雍就做到了权知枢密院事，领尚书省。此外，吴幵为权同知枢密院事，莫俦为权签书枢密院事，吕好问为权领门下省。这时候，这个新生的大楚政权能够正常运转，离不开这些精明能干的人积极工作。

其中最具代表性的还得是王时雍，每次向张邦昌汇报工作时，都是用“臣启陛下”的固定格式，张邦昌也都是狠狠批评。这也使得当时王时雍被大家称为“卖国牙郎”。

有意思的是，相关细节传到已被金人抓走的宋徽宗耳边时，就有人认为张邦昌一定会还政于赵氏，便献诗说：“伊尹定归商社稷，霍光终作汉臣邻。”宋徽宗本人则气得不行，表示：等到那一天，我都不知道被抓到哪里去了。

这边的张邦昌呢，有一说一，还真是虽有皇帝的名头，但实际却是伊尹的派头。皇家的一切礼仪、器物通通免去不用，重要的地方都贴上“臣张邦昌谨封”的封条，完全是“封府库以待君王”，堪称是一个十分称职的管家。

此外，张邦昌和大家见面开会聊天的时候，大家既不用朝拜，也不用高呼“万岁”。他也自称为“予”而不称“朕”，发出的指令，也只叫“手书”“中旨”而不是“圣旨”。

总之，张邦昌始终小心翼翼地坚持着为臣而非为帝的礼制，与朝廷官员们以平级关系相处，可以说几乎没有留下任何“逾矩”的把柄。

再看眼下留给张邦昌的混乱局面，就好比是一副烂到不能再烂的扑克牌。大小王、四个二、四个 A 之类所有的王牌和优势，早就被徽宗、钦宗挥霍一空，消耗殆尽了。留给张邦昌的，就是一个烂摊子。但就是这样，还是被张邦昌慢慢打出花来，他渐渐稳住了大局。

可以说，即位之后的张邦昌，为了收拾徽、钦二帝留下的烂摊子，做了一系列的事情，且有一定的成绩。

第一，在张邦昌即位之后，金人也在准备慢慢退兵，但担心张邦昌没法服众，赵氏卷土重来，就打算留下部分金兵帮忙驻守。但在张邦昌好说歹说之下，金兵被彻底劝退了，最终没有留下一兵一卒。

第二，决定撤退的金兵想要在临走前再搜刮一次汴京城，规定数目让城中百姓上缴金银，如若不然就要屠城。这时候张邦昌亲自写信给金兵元帅请求给大楚留点积蓄，不要再搜刮百姓。金兵元帅粘罕见此，也爽快地答应下来。

第三，张邦昌还向金人索回了众多被扣押的大宋官员，比如颇为刚直的曹辅，小时候被苏轼器重、后来却诽谤岳飞的孙觌。此外，张邦昌请求释放的名单里，还有一个是曾经极力反对张邦昌当皇帝的秦桧，但被金人拒绝了。此外被金人拒绝的名单里，还有张叔夜、孙傅等人。而这几位都是当初拥立赵氏，反对另立别姓的。其实从这一点我们也能看出，张邦昌本人是真没有当皇帝的野心。当然了，除了部分官员被释放，其他平民百姓、僧道也有被放回的。

第四，张邦昌自始至终保留住了赵宋的陵寝和宗庙，没让金兵毁掉，并积极为还政于赵氏做准备，比如之前提到过的“封府库以待君王”等。

另外值得一提的是，在张邦昌的大楚期间，还一度将需要缴纳的岁币大幅降了下来。

在宋徽宗和宋钦宗时期，对金实际缴纳的岁币大概是一百万贯铜钱、二十万银两和三十万匹绢，百姓不堪重负。而到张邦昌时，一度降到仅需缴纳银十五万两、绢十五万匹。这也使得北宋从此摆脱徽、钦二帝时期的超高岁币，后来的南宋高宗赵构与金的绍兴和议，就是在这个基础上来谈判的，最终确定宋对金每年缴纳银二十五万两、绢二十五万匹。

从以上几点，我们也都不难看出，张邦昌的一系列操作，可以称得上是既忠心耿耿又小心翼翼。

尽管如此，当时人仍然不无猜疑之心，有太学生就表示：“虽曰‘无意于神器’，吾不信也。”认为张邦昌的这一系列措施虽然不错，但实际上还是在收买人心，想当皇帝。

但不管怎么说，就是这样一位当初被钦宗嫌弃、被同事踢皮球、性格稍显软弱的张邦昌，在最危难之际，既比被抓走的徽、钦二帝做得还多还好，也比溜之大吉、隔岸观火的康王赵构要更实在、更地道。

当张邦昌同金人斗智斗勇的时候，徽、钦二帝即将被金人押着北上的时候，康王赵构又在做什么呢？

最开始赵构也想进行救援，可在手下大将们一番分析利害的劝说之下，赵构秒懂，抓紧南逃，从此再无什么救援徽、钦二帝之心，只是嘴上还时不时吆喝几句“抗金军”“迎二帝”的政治口号。

四

等到四月初，金军已彻底撤离，汴京城也终于安稳下来。而张邦昌到底是辅政的伊尹还是篡位的王莽这一问题，也到了最关键的时刻了。

大楚官员们也纷纷下注。此前很会来事儿的王时雍就警告张邦昌此刻已然骑虎难下，还政必无善终，意思再明白不过。另外一位在大楚期间表现同样颇为积极的吕好问，在这时候则展现出了高超的政治眼光，认为还是得还政于赵氏，只有“盍亟还政”，才可“转祸为福”。

事实证明，张邦昌是伊尹。或者说张邦昌最终选择的是伊尹的行为模式。在以吕好问为首的官员的具体筹划下，张邦昌还政的速度可谓非常之快，绝不拖泥带水。

四月初四就先请孟太后，也就是著名的元祐太后回宫，准备复辟，所谓“具述复兴之事”。

初五，就派人赶到济州康王赵构所在的地方“以明本心”，随后将玉玺也送了过来。

初七，又派人持书至大元帅府，正式向赵构称臣。得到这一消息，赵构喜出望外，当即也表示“九庙之不毁，生灵之获全，相公之功已不愧于伊、周矣”，这相当于是官方认可了张邦昌就是伊尹，就是周公。

初九，请孟太后垂帘听政。

初十，张邦昌避位。

十一，孟太后垂帘听政，张邦昌重拾以前太宰官职，退居资善堂。至此，张邦昌已完全交出政权。从他登基当大楚皇帝，到此刻的南宋太宰，一共是三十三天。

但现在还有一个问题是，整个汴京城百官和百姓都翘首以盼的康王赵构，哪怕是到了现在这个相对安全的环境，还是不敢亲自来汴京城，而只是派了支兵马前来“收复”汴京城。

另外还有一点颇为尴尬的是，这场闹剧结束之后，大家发现彼此的表现实在都不怎么样，谁也不比谁更好看。汴京城里的百姓和官员，目睹了徽、钦二帝被掳，非但没啥反抗的举动，还硬生生拥立了一个新皇帝。

康王赵构自己也同样有问题。钦宗和城内百姓都曾一度将他视为勤王的英雄和希望，可他慢慢集重兵在手，非但不来救援，反而自己越躲越远，根本没有管这一城百姓的死活。

逊位的张邦昌，虽看似无辜，甚至还很高尚，但毕竟是一个当了皇帝的“逆贼”。

现在一切尘埃落定，到底该追究谁的责任？这是所有人当下最为关心的问题。是汴京城的官员、百姓？是张邦昌？抑或是赵构？

关键时刻，康王不愧是康王，抓紧时间将一切责任都推干净。赵构送来文书表示，这一切都在于金人太狡猾，蔡京等死去的奸臣又误国。所以不是大家不抵抗、不抗争、不爱国，而是敌人太过狡猾和狠毒。这样一来，大家纷纷点头拥护，就请康王您即位当皇帝吧。

可现在处在南京的赵构本人，却不乐意涉险来汴京。道理也很简单，南京离金人远，身边又都是自己人，相对安全。而汴京城呢，金人随时可能打来，官员、百姓又不是很可靠，哪能轻举妄动呢？

汴京城的孟太后等人也很无奈，既然赵构不肯来汴京城，那么就只好派汴京城的官员前往南京。于是，以太宰张邦昌为首的部分大臣，便匆匆赶去南京。

等到张邦昌等人赶到南京后，张邦昌当即“伏地恸哭请死”，赵构也很配合、很宽容，一方面跟着嗷嗷大哭，另一方面进行安慰，估计像“老张啊没事没事”“理解理解”之类的话也没少说。

五月初一，在张邦昌等汴京城百官的拥戴，以及跟随在赵构身边的一众官员的支持下，赵构在南京登基称帝，改元为“建炎”，是为宋高宗。登基之后的高宗赵构当时就大赦天下，像张邦昌、王时雍等人全都不加追究，一时间气氛是相当愉快又祥和。张邦昌本人大概也暗暗松了口气，这难关应该是渡过了吧？事实证明，张邦昌还是想简单了，事情并没有往好的方向发展。

就在高宗赵构即位以后，局面一点点稳定下来，我们颇为熟悉的

诞育金光

脱袍见梦

《中兴瑞应图》（局部）　【南宋】萧照　绢本设色　上海龙美术馆藏

《中兴瑞应图》是南宋画家萧照创作的画卷，以赵构历史故事为题材，赞颂赵构重建王朝。这幅画作共分为十二段，每段都以时间为序，用连环画的形式生动地描绘了宋高宗赵构即位前的种种“瑞应”传说，第一幅“诞育金光”，描绘宋高宗降生时金光照耀的场面，最后一幅“脱袍见梦”，描绘靖康之初赵构做兵马大元帅时梦见兄长钦宗授御衣等场景，象征着赵构即位乃天命所归，是顺应天意的真命天子。

主战和主和两派又重出江湖。这时候主战派的代表是李纲、宗泽，主和派的代表则是黄潜善和汪伯彦。由于两派的复出，使得“如何处置张邦昌及伪楚官员”这一翻篇的问题，再度被拿出来，甚至引起激烈争执。

一开始，赵构本人及主和派打算继续利用张邦昌，想用张邦昌来跟金人求和。就在五月初三，赵构对黄潜善、汪伯彦等暗示并且与他们密谋如何处置张邦昌。

赵构想的是“异时金人有词，使邦昌具书报之”，倘若金人对赵宋的复出有意见，就让张邦昌告诉他们“举国之人不忘赵氏”，张邦昌本人“惧，不待问罪”，自愿就把位置让了出来。所以赵宋能够东山再起，实在是天意，而并不是反抗金人，并不是不尊重金人。

黄潜善、汪伯彦等主和的官员当然心领神会，纷纷表示：“臣等谨奉以施行。”于是这段时间成了赵构和张邦昌的短暂蜜月期，一会儿封张邦昌为同安郡王，一会儿又封他为太傅，虽然这些职务都没有实权，但也可见赵构此时对张邦昌的态度还是比较尊崇的，尽管主要目的还是为了讨好其背后的金人。

所以这段时间反倒是张邦昌自己“累章求退”，多次上书请求辞职，而赵构以“勋在社稷”为由不让张邦昌退。

一直等到主战派的李纲赶到，献上“十议”书时，形势才急转而下。

这里面的第四议便是：议僭逆。

大意是张邦昌身为国家大臣，不能临难死节，而挟金人之势，易姓改号，南面为帝。其后不得已才奉迎皇上，朝廷尊之为三公，不当。

应正典刑（即杀掉），垂戒万世。

在李纲看来，张邦昌是一定得杀掉的，并非常坚决地表示：“臣不可与邦昌同列，当以笏击之。陛下必欲用邦昌，第罢臣。”

眼见李纲把这一事件变成了非此即彼的单项选择题，高宗本人也确实很难选，于是找到吕好问咨询说：“当时你在城内，最了解情况，你说怎么办？”

吕好问这个人特别擅长打太极、踢皮球。对于当初包括他自己在内的整个汴京城逼迫张邦昌为皇帝这事，他闭口不提，只把皮球踢回去：“邦昌僭窃位号，人所共知，既已自归，惟陛下裁处。”说了就跟没说一样，反正陛下您自己看着办吧。

一旁的李纲也看明白了这一点，当即大骂吕好问尽说废话，典型的首鼠两端。但更关键的还不是这句，而是另外一句直奔主题的：“邦昌僭逆，岂可使之在朝廷，使道路指目曰‘此亦一天子’哉！”

高宗赵构这才品出味来，顿时觉得对啊，没毛病啊，天无二日，民无二主，我们现在怎么还能留一个“故天子”，留一个“前皇帝”呢？

于是张邦昌马上就被降为昭化军节度副使，并被发配到潭州。这么一来，远离了高宗赵构的张邦昌将再无辩白的机会。

高宗赵构身边的官员们，开始无孔不入地深挖张邦昌的一系列罪行。结果还真被他们挖到一条，说张邦昌玷污了皇家的女人。“震怒”的高宗赵构便依据这一点，从而“诏数邦昌罪”，最终赐死张邦昌，并杀掉王时雍等当初表现特别积极的大楚官员。

其中只有吕好问是例外。因为他智商情商都很高，“转弯”也转得特别及时又顺滑，非但没有降级，反而被提拔为尚书右丞。至此，高宗赵构终于从容不迫地完成了秋后算账。

就在使者拿着赵构的赐死诏书抵达潭州来抓张邦昌时，张邦昌一度委屈巴巴地哭哭啼啼，大概也说了不少自己是被冤枉的、是迫不得已的话语，并且一再徘徊退避。使者烦得不行，就逼着张邦昌登楼。此时张邦昌所寓居的潭州天宁寺，寺内有座平楚楼，取意自唐代书法家沈传师的“目伤平楚虞帝魂”。

做过大楚皇帝的张邦昌看到“平楚楼”时，似乎明白了些什么。于是，避无可避的张邦昌就此自缢而死。

五

事情到这里还没完，张邦昌最终被写进《宋史·叛臣传》中。杜甫有句诗说“盖棺事则已”，对于死去的张邦昌来讲，这一“叛臣”的身份和形象，等于也就是盖棺定论了。

关于张邦昌，不仅《宋史》里记录的历史形象不堪，而且民间颇为流行的《说岳全传》里的文学形象也不怎么样：不是“张邦昌要他何用”的废物形象，就是“喜的是忠臣，恼的是奸臣，将张邦昌等杀了”的奸臣形象。

现在我们回过头来看，张邦昌这个人，固然说不上是什么大义凛然、刚正不阿的英雄烈士。他当皇帝并不是因为有担当精神，后来交出皇帝的位子也不是因为他多高尚。可以说从头到尾，他就是为了自保，为了卸责，为了能够让自己活下去。

要说张邦昌是不是一点问题都没有呢？那倒也不是，比如本文开始我们就说过他老早就是议和派，当过割地使，甚至还劝其他人投降。但我们同时也应该看到幕后答应割地议和的，能够做决定的，还是皇帝。张邦昌呢，则更像是一个被推到台前的滑稽的小丑。但要说张邦昌是个叛臣，是个奸臣，或是个纯废物，还真有点说不上。

另外，我们更应该看到的是，当汴京城大难来临的时候，真正拯救了汴京城，对汴京城保护力度最大的，还真不是徽宗、钦宗，也不是高宗，而是张邦昌。

说起来，钦宗及当时的汴京城百官还都曾不同程度地亏负过张邦昌，最臭的骂名扔给他来担，最烂的摊子交给他来收拾。

对此，身处外地的铁血爱国人士李纲当然可以骂张邦昌卖国，可以苛责张邦昌僭越叛逆。但在城外得到保护的吕好问，乃至始终逃避责任、“游而不击”的高宗赵构本人，又比张邦昌好在哪里呢？

而随着张邦昌被贬杀的事件发生之后，朝廷内部更是大掀追究之风，“时在围城中者，纲皆欲深罪之”。

因拜相的李纲太过雷厉风行，一切从严，对张邦昌事件的定性过于严厉，甚至认为不将张邦昌及伪楚官员全部诛杀，南宋朝廷就“无以立国”。

这固然使得书生意气的李纲自身舒坦了，却加剧了朝廷官员内部的争斗，同时也让以李纲为首的抗战派因失去更多中间力量的支持而变得更加孤立无援，最终导致了李纲自己被罢免。

在南宋朝廷内部围绕张邦昌等人的处置争论不休时，另一边的金人就已经着手准备南侵。不久，金太宗便以张邦昌被杀为由，再一次发动了对南宋的侵略战争。

现在“叛臣”张邦昌曾经争取到的短暂和平结束了，主和的君王赵构、主战的宰相李纲引起的新一轮的战争开始了。

而人性的幽微，历史的复杂，至此展露无遗。

岳飞和赵构
——权力与忠诚的裂痕

靖康二年（1127 年）农历五月初一,二十岁的赵构在惶恐不安中称帝，改年号为建炎。而这时候的岳飞还是一个低等偏将，正在前线“独驰迎敌”。两个人并不认识。很快，他们有了第一次间接的交集。仿佛是某种预兆，这头一回的接触，两人就意见不合。

事情的起因是建炎元年（1127 年）震动朝野的上书事件。

当时赵构正不断酝酿南逃。他的登基之地没有选择在前线的汴京开封府，而是更安全的应天府（今商丘）。这里“取四方中，漕运尤易”，水陆都很畅通，要是遇到什么特殊的紧急情况，也能随时开溜。这似乎也是个稳妥的选择。

但赵构仍不放心，在应天府即位之后，还想继续南逃，要“巡幸东南”，又罢免了主战派宰相李纲。这激起了朝野上下的反对，其中态度最激烈的是太学生陈东和布衣欧阳澈。后者甚至徒步赶到南京应天府上书，大骂赵构不应该“宫禁宠乐”，沉迷享乐。

赵构震怒了，将陈东和欧阳澈同斩于应天府，两人的首级被悬挂在城门上示众。陈东死时四十二岁，欧阳澈死时三十一岁。惨案发生后，朝野震动，不但一些高层官员感到震惊、沮丧，许多普通官兵也觉得难以接受，其中就有岳飞。

作为"刺头"的岳飞慷慨上书，洋洋洒洒数千言，说了和陈东意思相近的话，主张北伐：

> 陛下已登大宝，社稷有主，已足伐敌之谋……臣愿陛下乘敌穴未固，亲率六军北渡，则将士作气，中原可复。

对于类似的论调，赵构是失望和恚怒的，认为压根儿不切实际，眼下自保都难，何论北伐？尔等图了个嘴巴痛快，最后沦陷于贼的可是朕！难道要朕去北方和做俘虏的父亲、哥哥团聚吗？

他大概率没有见到岳飞的上书，但朝廷给出了态度，结论是八个字"小臣越职，非所宜言"，褫夺了岳飞的官位，革除了他的军职、军籍，将其赶出行伍。

经此挫折，深感人微言轻的岳飞，很快开始了自己新一轮的成长。乱世是能人的舞台。被逐出行伍之后，岳飞先后依附于张所、宗泽等人，取得了"战于太行山，擒金将拓跋耶乌""单骑持丈八铁枪，刺杀黑风大王"等惊人的战绩。一颗将星正冉冉升起。

这时候相当缺乏安全感的赵构，已决心"巡幸淮甸"，继续后撤。相较于个人的安危，对于前线的疆土，他并不太在乎。他也没能力去在乎，刚刚仓促登基的他，既无兵也无将，自保都够呛，更谈不上去北伐了。

赵构此时的战略近乎是以空间换取时间。此外，年纪轻轻的他抱着一丝幻想，希望通过这种不抵抗的战略来取悦、示好金人，“决幸东南，无复经理中原之意”，希望金人能够见好就收，网开一面，不要来为难自己。

因为赵构的不抵抗战略，金兵异常迅速地推进，很快就进入淮东地区。没多久，攻陷徐州、淮阳、泗州的金军，又火速进攻扬州。此时正在扬州行宫风流快活的赵构听到战报，也尝到了不抵抗的苦果，他被吓得提着裤子就跑。从此，年轻的高宗皇帝赵构失去了生育能力。

皇帝消息灵通，能逃就逃。但扬州的军士和百姓可没这么幸运，在赵构出逃的第二天，金兵就打进了扬州城，十多万军民惨遭金人屠戮。直到在扬州烧杀抢掠心满意足之后，金人才带着大量财物回撤。

外患暂去，内忧又袭来。赵构在逃亡途中还经历了一场有惊无险的兵变，手下大将苗傅和刘正彦逼迫赵构退位为太上皇，让赵构年仅两岁的儿子赵旉继任皇帝，年号从“建炎”改为“明受”。

幸运的是，这场兵变辐射范围很小，在众人火速勤王之下，赵构又恢复了皇帝称号和建炎年号，苗、刘二人也被当街处死。至于小皇子赵旉则一病不起，很快就去世了。

这时候的赵构也终于抵达最初南渡的目的地江宁，将其改称建康府，作为行营。解决了内忧之后，赵构焦头烂额地回过头来处理外患，因为根本打不过，自然还是求和。求和的过程相当耻辱，赵构想通过哀诉南逃的悲惨经历，来换取金人的怜悯：“自汴城而迁南京，自南京而迁扬州，自扬州而迁江宁”，“所行益穷，所投日狭”，我能逃的地方是越来越少，越来越偏僻。“以守则无人，以奔则无地”，自己是

宋高宗坐像轴　绢本设色　台北故宫博物院藏

守又守不住，逃又逃不走。望金朝能“见哀而赦己”，千万高抬贵手。甚至“愿削去旧号”，以此劝说金人“何必劳师远涉”。总之，只求你们别再打啦。

从靖康元年（1126年）到现在的建炎三年（1129年），赵构在逃跑、乞怜的过程中又遭遇兵变的经历，有两件事深深植入他心里。一方面，他无比渴望强大武力的保护，只有强大的武力保护才能给他安全感，维护他一直以来要而不得的尊严。另一方面，苗傅和刘正彦的面目又让他对武力高度警惕，甚至产生间歇性的创伤应激反应。被俘虏去五国城，还可以偷生；但遭遇大将兵变，多半只有一死。一旦到了特定的时候，他的这种警惕和恐惧就会被瞬间激发。

仓皇无助之中，一个人站在了他的面前，那就是岳飞。

建炎三年十月，凶悍的金国四太子完颜宗弼（金兀术）首次出任金军主帅，率十余万大军南下，势如破竹地打到了建康城，前线的南宋右相杜充直接望风而降。杜充一投降，逃到越州的赵构很郁闷：“朕待杜充不薄，何乃至是哉？”

此时原本在杜充麾下的岳飞，因杜充投降，便自己一路在前线独当一面，很快就做出成绩，“至广德境中，六战皆捷，斩首一千二百一十六级”。随后岳飞进驻宜兴，因岳飞“严戢所部，不扰居民”，收服摆平了多股土匪部队及金人强征的地方军，被百姓高度赞许：“父母生我也，易；公之保我也，难。”

如此逆流而上，拼命抵抗的岳飞，至此终于脱颖而出，正式引起了在后方一路逃窜的高宗赵构的注意。因为有了岳飞、韩世忠等人的奋力抵抗，最终使得金兀术穷追赵构三百里未获，只好借口“搜山检海已毕”，向北撤退。至此，赵构终于松了一口气，并进一步认识到，之前的以守求和显然不如以战求和。

建炎四年（1130年）五月，此时属于张俊麾下的岳飞，得以在越州第一次近距离觐见赵构。这一次的君臣相见，没有意见相左。岳飞没有盲目地再唱北伐高调，而是认为得先稳固防守："建康为国家形势要害之地，宜选兵固守……臣乞益兵守淮，拱护腹心。"对此，赵构也没有盲目地继续坚持不抵抗的战略，而是深以为然，积极备战。

在这个过程中，岳飞表现很好，给赵构留下了深刻印象。大臣也极力推荐岳飞，张俊“盛称岳飞可用”，宰相范宗尹也力陈岳飞之才。于是赵构迁岳飞为武功大夫、昌州防御使，任通、泰州镇抚使兼泰州知州。

建炎四年年末，临近新年，赵构改元为“绍兴”，意即“绍继中兴”。从新年号来看，赵构似乎决心励精图治，想要大干一场。起初，赵构表现也不错，饮食简朴，勤于政事，吃饭也不过是面饭、炊饼等寻常食物，在宫中除了批阅日常的奏章以外，还会读各种书，一读就读到深更半夜。

随着宋金局势渐渐稳定，赵构站稳脚跟后，表现得相当雍容大度，能听取各种意见。对于特别能打又颇有性格的岳飞，赵构一度也是相当宽容的，并且从善如流。

当时南方流寇比较多，先后有李成、张用等人造反，“据江、淮六七州，连兵数万，有席卷东南之意”。赵构想显示朝廷的“德意”，所以“多命招安”，属意岳飞办理。岳飞则认为“内寇不除，何以攘外”，即对于流寇强盗，应当剿灭，不应招安。因为这些强盗相当狡

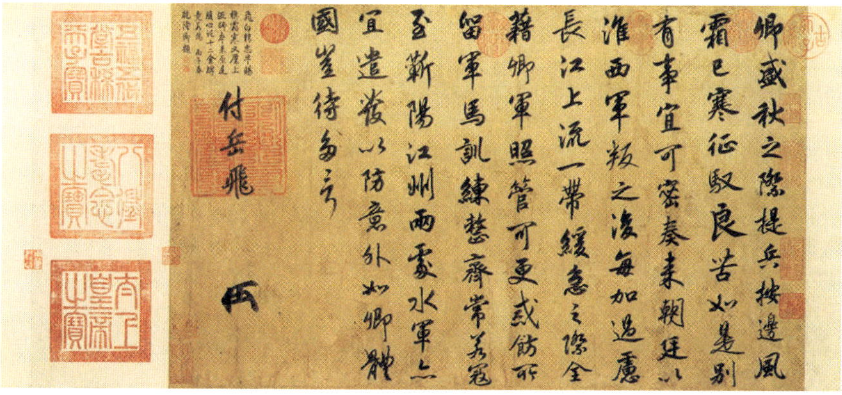

《赐岳飞书》【南宋】赵构 台北故宫博物院藏

《赐岳飞书》是宋高宗在二十七岁时写给岳飞的书信，大约书于绍兴四年（1134年），书信的末尾署有“付岳飞”三字。书信云：

卿盛秋之际，提兵按边，风霜已寒，征驭良苦。如是别有事宜，可密奏来。朝廷以淮西军叛之后，每加过虑。长江上流一带，缓急之际，全藉卿军照管。可更戒饬所留军马，训练整齐，常若寇至，蕲阳、江州两处水军，亦宜遣发，以防意外。如卿体国，岂待多言。

末有清乾隆题跋：

飞白精忠早赐旗，霜寒又廑上流师。本来原是腹心托，十二金牌竟若为。

此信展现出宋高宗对军事的全面部署，对内忧外患的局势的忧虑，以及对岳飞及其军队既信任又防范、既依赖又戒备的两面心态。一方面暗示如果岳飞有其他的军事情报或建议，可以秘密上奏给他；一方面提到淮西军叛变的事件，表示朝廷对此类事件一直保持高度警惕，要求岳飞既要做好皇帝可信赖托付的心腹角色，又要确保自己的军队稳定可靠，忠诚体国。

猾，“力强则肆暴，力屈则就招”，“苟不略加剿除，蜂起之众未可遽殄”，对此赵构欣然接受。

随着时间的推移，岳飞固执而桀骜的个性也逐渐显露出来。这对君臣之间的矛盾和冲突，迟早是会到来的。

绍兴三年（1133 年），奉命剿匪的岳飞拿下虔州，赵构密令岳飞屠城，要杀光城中所有百姓。注意，这是密令，秘密的命令。赵构之所以想屠城，是因为当初汴京沦陷时，元祐太后曾逃到虔州，但被虔州的“叛民”围困，险些遭遇不测。赵构一直想拿虔州百姓泄愤。

岳飞选择了唱反调，上书表示这次应该安抚百姓，最多诛杀“首恶”。但赵构不许。于是岳飞继续上书“请至三四”，赵构还是不许。这个过程中，赵构表现得很硬，岳飞表现得很轴。就这样，一个在中央始终不许，一个在地方始终不干，鞭长莫及的赵构这才“帝乃曲赦”，无奈地妥协了。

但被岳飞这么一折腾，搞得这件原本应该暗中进行的密令满城皆知，城中百姓反应也很大，家家户户供奉岳飞的画像。可以说，这对赵构的形象多少产生了不好的影响。

可岳飞本人似乎完全没有相关防患意识。大概在岳飞看来，只要自己做得是对的，就不必顾忌皇帝的脸色和心思。至于会不会得罪皇帝，那不是他要考虑的事。

幸好此时的赵构还犯不上跟岳飞较劲。在赵构的眼里，岳飞轴是轴了点，但确实能办事，很有利用价值。

时间很快就证明了这一点，除了虔州城，此后岳飞还迅速平定了南安、建昌诸郡，最终成功清剿虔、吉两州的叛军，所谓“一无遗类”。携着胜利之功，岳飞来到行在临安再次觐见高宗赵构。这一次，君臣一派和睦，好似如鱼得水。

赵构亲自御书“精忠岳飞”的锦旗一面，作为岳飞军中张挂的大纛。如此荣耀，在当时是独一无二的。同时赵构还就岳飞有次喝醉后痛殴同事赵秉渊一事，语重心长地面谕岳飞应该戒酒。岳飞的表现也很好，当即表示自己做错了，从此绝饮。

对于此次会晤，君臣双方一度都很满意。和赵构进入蜜月期的岳飞，凭借此前的赫赫战功，也是迎来了进一步升职，做到了镇南军承宣使，除江南西路舒、蕲州制置使，后又改任为神武后军都统制。

这一系列的升迁，将岳飞此前的恢复中原之志也一并激发了出来。岳飞还希望朝廷继续给他“加兵湖湘”，以便他收复襄阳，“襄阳六郡，地为险要，恢复中原，此为基本”。

但赵构却不能不掂量后果，眼看现在的局势已慢慢稳了下来，“以战求和”的条件也逐步成熟。如果岳飞带重兵前去，败了，这个损失能不能承受？倘若打赢了，但引起金人的强烈反扑，能不能顶得住？又或者岳飞干脆反了，有没有这样的可能？

这些问题不容赵构不深思熟虑，最终赵构咨询了自家宰相赵鼎，赵鼎表示岳飞是最专业的，“知上流利害，无如飞者”，听岳飞的准没错。赵构这才下定决心任命岳飞为荆湖北路前沿统帅，并尽可能地放权，答应荆湖北路安抚司和荆南镇抚使司的兵马暂时都归岳飞“节制使唤”。

但同时也尽可能地约束岳飞。比如朝廷专门给岳家军划定底线，不得“或称提兵北伐，或言收复汴京”。而且只以收复六郡为限，如果敌人“逃遁出界”那就罢了，咱们“不须远追”。除此之外，赵构还亲自下手诏警告岳飞，要是你不听我的，追得太猛，打得太远，那么“虽立奇功，必加尔罚”。从这一句“虽立奇功，必加尔罚”，不难看出赵构谨慎又复杂的微妙心理。

得到赵构许可，从武昌渡江北上的岳飞放出豪言：“飞不擒贼帅，复旧境，不涉此江。”顿时声威大震，一举攻陷襄阳。这个战果让赵构惊呆了，对大臣表示：“我只知道岳飞带兵很有纪律，但没想到面对如此劲敌也能打得这么漂亮。”

于是，赵构提拔岳飞为清远军节度使，这让三十二岁的岳飞成为有宋一代最年轻的建节者。也是当时继刘光世、韩世忠、张俊、吴玠以后的第五位建节者，同时封爵为武昌县开国子。岳飞在建节之后，也是有点飘飘然，导致后来有人揭发他说过一些不当的话，包括“三十二岁建节，自古少有”“已与太祖以三十岁除节度使”等，细究起来都是不当言论。

随着声望日高，岳飞的战功越来越大。当时洞庭湖被杨幺盘踞，这是最大的流寇势力之一。最终岳飞领军大破杨幺，终于实现了此前提出的“攘外”先“安内”的策略。

同时岳飞还干了一件大事——“凡精壮之士，一律收编入伍”，使得三万多人的岳家军瞬间猛增至十万人的空前规模。

扩充后的岳家军此时至少有十二统制军，分别是背嵬军、前军、右军、中军、左军、后军、游奕军、踏白军、选锋军、胜捷军、破敌军及刚收编的水军。将领也从十将的编制扩充至三十将，每将的平均兵力大概是三千多人。后来最巅峰的时候，甚至有大小将官八十四将，军力极盛。这时候的岳飞和岳家军，显然是朝廷当之无愧的强大军事力量，是赵构手里的一张可以和金人周旋的重要王牌。

此时一段插曲却发生了，担任两镇节度使统领大军的岳飞忽然提出辞职，理由是“以目疾乞辞军事”。这次辞职，确实有健康方面的原因。岳飞已连续六年夏日剿匪，冬日力抗金国和伪齐，在此次平定杨幺水军后，一度“两目赤昏，饭食不进”“四肢堕废”。

但除此之外，岳飞辞职也可能与君臣双方对北进的态度不一有关。赵构始终限制他，不让北进，再加上金国由议和派挞懒主政，南宋朝廷的议和声也随之涌现，让岳飞感到不满。

收到辞呈的赵构感到非常错愕，心里完全没底，不知道岳飞到底是什么意思。是发泄不满？还是身体真的垮了？

岳飞冲动任性，赵构却不能冲动，而是耐着性子哄。赵构一方面用批评的口吻提醒岳飞，“措置上流事务，责任繁重”，哪能说走就走；另一方面积极劝勉，“卿当厉忠愤之素心，雪国家之积耻，勉副朕志，助成大勋”，你应该继续为国家发光发热。赵构又加封岳飞为少保、武昌郡开国公，以示安抚。岳飞这才接受了。

事情虽然过去，但很难认为赵构对此事会留下好印象。生病了可以请假休养和医治，但不至于说辞职就辞职，马上撂挑子不干。岳飞在官场中的任性，可见一斑。如此操作，会给赵构留下岳飞居功自傲、爱要挟上级的印象。

因“目疾”辞职事件只是初露端倪，影响更大的还是“岳母去世”事件。

当时朝廷正在筹谋北伐刘豫的伪齐，右相兼都督张浚一度召集了诸路大将商量北伐，岳飞、韩世忠、张俊、刘光世所谓“中兴四将”齐至，赵构本人也亲自前往建康，鼓舞士气。以上动作，无一不显示朝廷决心北伐了。

但北伐还没开始，岳飞的母亲就逝世了。这让岳飞瞬间崩溃，仗也没心思打了，守备也没心思布置了。他一面奏报朝廷，一面又一次自行解职，直接离开军队，和儿子岳云“扶榇还庐山”，并接连上表“乞终丧”，坚持要守孝三年。

在紧急的战事期间，对于类似情况通常都会“起复”，即官员遭父母丧，守制尚未满期而应召任职。

像北宋时期，执政富弼“以母忧去位，诏为罢春宴。故事，执政遭丧皆起复。帝虚位五起之。弼谓此金革变礼，不可施于平世，卒不从命”。富弼由于母亲丧事离职，皇帝下诏应该抓紧时间回到工作岗位。但富弼认为只有战争时期的特殊情况才能这样，所以始终不听任命。这个例子反向说明了“起复”这种事情，在战争时期和特殊情况下是允许的，是不得不为的。

在当时一些人看来，岳飞不等朝廷通知，不顾眼下形势，直接选择离职守孝三年的固执行为不合时宜。反对岳飞的声音不小。赵构耐着性子收拾这个烂摊子。赵构先命宦官邓琮到东林寺请岳飞起复，但岳飞硬是“三诏不起”。

赵构大发脾气，接着派一众岳家军的将官再去。这次用词极为峻切，“至今尚未祗受起复恩命，显是属官等并不体国敦请”“如依前迁延，致再有辞免，其属官等并当远窜”。赵构的意思很简单，要是岳飞还是坚持守孝三年，你们这一众被岳飞提拔上来的岳家军军官也都

“并当远窜”，通通滚蛋。

赵构这一次，既是事实威胁，也是道德绑架。再不起复，岳飞就是罔顾将帅恩义，不管下属前程死活。于是众人苦劝，各种推心置腹、苦口婆心的话语不要钱一样回荡在庐山。但岳飞就像那粒“蒸不烂、煮不熟、捶不扁、炒不爆、响当当”的铜豌豆，谁的话都不好使，于是大家只能彼此干瞪眼。

赵构只得耐着性子，发出第三道“起复诏”，并且特地说明这是“帝书赐岳飞”，以示极度郑重严肃，不可轻侮。著名宿将、主战派领袖之一李纲也单独给岳飞写信哄着：“宣抚少保以天性过人，孝思罔极，衔哀抱恤”，先是给予理解和肯定，接着再恳切希望他不要“以私恩而废公义”，从而“幡然而起，总戎就道，建不世之勋，助成中兴之业”。

如此“三顾庐山”，才让岳飞放弃守孝，将母亲姚氏“刻木为像，行温凊定省之礼如生时”[①]，重新回到一线的工作岗位。

事实上，大臣的“守孝”和“起复”，都是有一定的游戏规则的，君臣双方在规则之内行事，适当地拉锯，大家都照着心照不宣的台词进行，既是为了彰显道德，也是为了互给台阶，君主不会有什么意见。

但岳飞在庐山此举，从赵构褊狭的视角看来，就属于“演得过分”，已到了恃宠而骄的地步，超出了常规的游戏规则，乃至于冒犯了自己的尊严。

① 典出《二十四孝》之“刻木事亲”，意思是用木头雕刻成双亲的像，像死者在世时一样按礼节侍奉他。这体现了古人对于逝者的敬重和怀念之情。温凊（qìng）定省，指冬天使被子温暖，夏天使屋子清凉，晚上侍候父母睡好，早晨前往请安，是古代子女侍奉父母的日常礼节。

这也愈发让赵构感到，武将其实是很不可靠的，哪怕号称“精忠”的岳飞也一样。

南宋这边虎视眈眈，小动作不断，对面伪齐的反应也很快。刘豫很快就派儿子刘麟、侄子刘猊分路侵犯淮西地区，号称带兵七十万。

如此浩大的声势，使得刘光世准备放弃庐州，张俊打算放弃盱眙，前线有崩溃之危。于是赵构急令岳飞前往抵敌，“统帅全军，星夜兼程，启发前来”，甚至连岳飞以“眼疾”为由的推脱之词也堵住了，说“想卿不以微疾，遂忘国事”。赵构忧急的目光中带着一种试探和揣测。

此时岳飞尽管眼疾复发，但一接到赵构的诏令，就毫不犹豫地率军出发了。对于岳飞这一投桃报李般的行为，赵构着实高兴了一番，甚至说出了心里话：“刘麟败北不足喜，诸将知尊朝廷为可喜。”

当然，这种喜悦是短暂的，是建立在愈发强烈的疑心和不安上的。

绍兴六年（1136 年）年末，赶到前线的岳飞带着岳家军成功击退伪齐大军，其中岳飞麾下的张宪大败五万伪齐军，另一位牛皋也击败数万伪齐军。最终，擒获伪齐将领数十人，俘虏士兵数千人，缴获马三千匹，以及不计其数的衣甲器械等物资。

绍兴七年（1137 年）二月，获此大功的岳飞又一次奉诏入朝见高宗赵构。

赵构问话道：“卿得良马否？”岳飞抓住机会说：“臣有两匹马，一匹能吃能喝，但不是精料不吃，不是洁水不饮，跑得又快又远；另一匹吃得不多，且吃不择食、饮不挑水，还没跑就不行了。”岳飞这是在告诉赵构用人之道，表示自己是良马，要驭使就要有条件。赵构也极为赞同，说“卿今议论极进”。

岳飞又陈述了北伐之志。但此次他显得更为节制，以前跟着喊“迎二圣”很上心的岳飞，现在只说“异时迎还太上皇帝、宁德皇后梓宫，奉邀天眷归国，使宗庙再安，万姓同欢，陛下高枕无北顾忧，臣之志愿毕矣”。

对于过时的政治口号，他也学会不提了。不论是“二圣”还是“渊圣（宋钦宗）”通通不说了，只把钦宗包括在所谓的“天眷”之中，这都是岳飞的进步。

赵构亲自批奏表扬岳飞，“事理明甚，有臣如此，顾复何忧”。

岳飞受到的荣宠还在升级，赵构下令“中兴之事，朕一以委卿，除张俊、韩世忠不受节制外，其余并受卿节制”。随后下令将王德、郦琼的部队隶属岳飞指挥，并令晓谕王德等人：“听飞号令，如朕亲行。”

这是把全国近五分之三的军队都交给岳飞统一指挥，如果赵构本人愿意出兵，那么岳飞能从川陕、荆襄、淮西三大战场对金国主动出击。

赵构之所以如此大方，也是因为这一年从金朝回来的使者报告了宋徽宗已经病故的消息。这才让“号恸擗踊，终日不食”的赵构，在一时的感情冲动之下，又是重用岳飞，又是“移跸建康”，从而表示自己“北望中原，常怀愤惕，不敢自暇自逸”的报仇兴复之意。

赵构这种上头的情绪，可以说是来得快，去得也快。怒火冲上来的时候，就给岳飞“进止之机，朕不中制”“中兴之事，朕一以委卿”等各种承诺。

等冷静下来，回归理智的赵构很快就意识到这事不妥，担心岳飞不受控制。同时右相兼都督的张浚、枢密使秦桧也各怀私心地在赵构身旁吹耳边风。张浚是想自己“谋收内外兵柄”，认为诸将的兵权都应该纳入他的都督府，哪能轮到岳飞呢？秦桧则是从根本上不支持主战，支持主和。

无一例外，三人都认为不能将兵马大权交由岳飞北伐。于是赵构只好厚着脸皮，给岳飞下手诏说：“淮西合军，颇有曲折。前所降王德等亲笔，须得朝廷指挥。”

接下来赵构不再亲自出面，由右相兼都督的张浚给岳飞做工作。朝廷如此出尔反尔，岳飞相当愤怒，表现得很不客气。

当张浚提出这支兵马可由张俊、杨沂中等人率领时，岳飞毫不客气地一一驳斥，认为张俊“暴而寡谋”，杨沂中“岂能御此军”！这让张浚很不高兴，当即发脾气：“浚固知非太尉（岳飞）不可！”

岳飞既委屈又愤然地表示：“都督以正问飞，不敢不尽其愚，岂以得兵为计耶？”随后又一次任性地自行解除兵权，自顾自地步行回庐山，要服满此前未完的丧期。张浚恼羞成怒，先向赵构告状说：“岳飞积虑，专在并兵，奏牍求去，意在要君。”

赵构固然恼怒，可因为自己出尔反尔在先，心里到底觉得理亏，还是克制着再请岳飞出山。委屈巴巴的岳飞“累召敦促，不肯起”。赵构又派宣抚司参议官李若虚、统制王贵去请岳飞，并给出严厉警告，“同去敦请飞依旧管军，如违，若虚等并行军法”。

面对固执的岳飞，李若虚说话也很重：“是欲反耶？此非美事！若坚执不从，朝廷岂不疑宣抚。且宣抚乃河北一农夫耳！受天子之委任，付以兵柄，宣抚谓可与朝廷相抗乎？宣抚若坚执不从，若虚等受刑而死，何负于宣抚，宣抚心岂不愧？”这样好说歹说，磨了六天，委屈的岳飞妥协了。

但在复职之前，岳飞还得先到建康府向原本亏负他的赵构请罪，请求“明正典刑，以示天下，臣待罪”。

赵构的态度相当微妙：“卿前日奏陈轻率，朕实不怒卿。若怒卿，则必有行遣。太祖所谓‘犯吾法者，惟有剑耳’！所以复令卿典军，任卿以恢复之事者，可以知朕无怒卿之意也。”一方面再三表示“朕不怒卿”，不生你气；另一方面却又有意无意地提到“犯吾法者，惟有剑耳”，暗示岳飞若再犯过错，将不会轻饶。可以说是绵里藏针，宽慰里夹着警告。

随后让赵构意想不到的是，他一直疑虑猜疑的岳飞没反，但那位被各方大佬肆意争来抢去的郦琼却被逼反了。郦琼因赵构、张浚的胡乱划分，害怕自己被架空免职，被迫提前下手，杀了张浚派来的吕祉，带领全军四万余人，并裹挟十余万百姓投降金人的傀儡伪齐刘豫，影响非常大，史称“淮西兵变”。

这下赵构慌了，现实真如岳飞此前所言，张浚选定的书生吕祉果然没法胜任。值此关键时刻，他能想到的还是岳飞，“闻琼与卿同乡里，又素服卿之威望”，希望岳飞能重新将郦琼争取回来，显然为时已晚。

“淮西兵变”的惨痛现实，让赵构悔恨不已，张浚引咎辞相，秦桧却乘势崛起，并一步步当上了宰相。

这也让赵构更加敏感和警惕，这些军队的头领及部署是不可靠的。他们名义上是国家的军队，但实际上还是私家军队，什么“刘家军”“韩家军”“张家军”等。哪怕是以精忠著称且战斗力超强的“岳家军”，因岳飞在军中强大的个人影响力，其私人化程度甚至更高，相应的危险程度也更高。

赵构对各将领及其军队，势必会加强防范之心。所以当岳飞表示“淮甸迫近行在，臣愿提全军进屯”时，赵构果断拒绝了，只让岳飞本人及参谋薛弼前来“入觐”。

这样极度敏感的环境，岳飞非但不谨小慎微，反而引爆了又一起踩雷事件。这时岳飞听说金国欲在汴京立钦宗之子，也请赵构立太子以安定人心。“立太子”这种涉及皇权交替的极端敏感的话题，向来都是随大流为好，能做到缄默不言则更好。更何况南宋朝廷，赵构本人对这一事件的态度更是微妙。

赵构的亲生儿子在苗、刘兵变时早夭了，赵构本人在丧失生育能力后又一直没能恢复，所以当时暂定的候选人是赵匡胤的七世孙赵瑗。但赵构本人还奢望自己能再生一个孩子，所以对于立赵瑗为太子这事，他能拖则拖。

与岳飞同行的薛弼深知此事敏感又危险，劝岳飞说在外领兵的大将，应明哲保身，避嫌不参与立储大事。但岳飞义正词严地回答：“臣子一体，也不当顾虑形迹。”“不当顾虑形迹”，可见岳飞在政治上确实是幼稚、懵懂、颟顸到了一定程度。

就在岳飞得见赵瑗时，更是雷上加雷，《宋史》记录了这一段：“飞退而喜曰：‘社稷得人矣，中兴基业，其在是乎？’”不难想象，这种话势必将传到赵构耳朵里。这让赵构怎么想呢？立储大事，我还没定，你岳飞倒先拍板了？再者，这话究竟是什么意思？遇见赵瑗就是社稷得人了，那我赵构是让社稷蒙尘了？

果然，等到岳飞面见上奏“立太子”一事时，赵构就冷冷地警告岳飞：“卿言虽忠，然握重兵于外，此事非卿所当预也。”眼见岳飞面如死灰，赵构毕竟是赵构，还能强忍情绪，让薛弼去劝解岳飞：“飞意似不悦，卿自以意开谕之。”

尽管如此，赵构对亲信左相赵鼎提到此事时，也是止不住地恼怒。赵鼎这般在官场多年的重臣，当然知道利害，赶紧表示：“飞不循分守，乃至于此。”

此时，不论是外部环境，还是岳飞的内在性格，都令岳飞的处境越来越危险。岳飞自己或许始终没能意识到，亦或许他意识到了，但他“也不当顾虑形迹”，并不在乎。

还令岳飞有所忽视的是，自淮西兵变后主和派的秦桧为右相，赵构本人也愈发偏向主和。绍兴八年（1138 年）的冬天，赵构甚至将赵鼎在内的宰相通通罢免，让秦桧独揽大权，从而全力向金人求和。

从根本上来讲，赵构一系列重用岳飞、韩世忠等武将的行为，本就是为了让宋金形成一个平衡，从而让主和的秦桧能够更有资格向金国议和。

对于赵构于大敌当前时不得不用武将以战求和的心思，武将里的张俊、老江湖韩世忠也都逐渐明白，于是张俊该见风使舵的就见风使舵，韩世忠该隐退不做的就隐退不做。所以这二位武将在当时也都算善终。反过来讲，如果他们也不合时宜地去唱反调，闹北伐，那势必也将被赵构清除掉。

意识不到赵构的心思，且舍命要北伐的就只岳飞一人。同样是出兵打仗，赵构本人是为了以战议和，而岳飞则是要收复中原，决战到底。对于岳飞等武将，赵构其实也努力过，试图让武将也接受议和。

绍兴九年（1139 年），当秦桧同金国第一次议和成功时，赵构特地升张俊为少傅、韩世忠为少师，对于最固执的岳飞，则将其从正二品太尉提为从一品的开府仪同三司，试图通过升官的方式，来抚慰众人。

其他人都老实接受了，唯独执拗的岳飞连上四折，表示拒不接受，这让他断绝了自己最后的退路。直到赵构强令岳飞接受，岳飞才不情不愿地接受。但随后岳飞又以身体不好，“微躯之负病”为由，提出“就营医药”的请求来辞官，继续发泄情绪。

在赵构看来，这是典型的给台阶不下，故意让朕难堪，让场面尴尬。如此一来，赵构对执拗、傲慢又不近人情的岳飞的厌恶，渐渐地超过他对金人的厌恶。由于此时南宋与金国已经成功议和，对于赵构而言，不听话的岳飞给他带来的威胁，同样也胜过金人的威胁。如果时局从此稳定下来，赵构固然可以惯岳飞一时，但注定不可能这样惯岳飞一辈子。

很快，意外发生了，绍兴十年（1140 年）五月，因金国内部政变，新的掌权者金兀术和金熙宗单方面撕毁和约，由金兀术亲自统领十万大军，分四路南下攻宋。

金人毁约又举兵的消息传来，赵构既惊又惧，赶紧又给众人升官，此前从一品的开府仪同三司的岳飞晋升为正一品的少保，与太保韩世忠、少师张俊前去迎敌。赵构频频催促岳飞“多差精锐人马，火急前去救援”，但同时也警告岳飞只是救援，并划定了范围“候到光、蔡”，也就够了。

惊喜交加的岳飞，自此开启了他人生中的最后一次北伐，这次北伐，就将赵构划定的范围抛诸脑后了。相对而言，这是岳飞历次北伐中形势最好、战果最佳的一次，同时也打得相当惨烈。

绍兴十年七月，岳飞所率的岳家军在最前线多次同金兀术的“铁浮图”“拐子马”等精锐部队进行硬碰硬的较量。曹州一战，大破金军二十万。郾城一战，又破金军十二万。其中，郾城战役里的小商河一战尤为惨烈，岳飞部下杨再兴壮烈殉国。等找到杨再兴的尸体，并将其焚烧后，得到的箭镞竟有两升。这也是一个缩影，一个岳家军打起仗来不要命的缩影。

同时，北方的抗金义军也和岳家军连成一片，号称“河北忠义四十余万，皆以岳字号旗帜”，大批金军将领也或明或暗地投降，其中就连金军的悍将韩常也密遣使者，表示“愿以五万众降于岳飞”，并且他早已深刻地认识到“今之南军，其勇锐乃昔之我军；我军，其怯懦乃昔之南军”。就连金兀术本人也锐气全失，不得不承认并感叹说：“自我起北方以来，未有如今日之挫衄！”

综合以上情景，让大喜的岳飞又一次放出豪言：“直抵黄龙府，与诸君痛饮尔！”之所以将“喝酒”说是豪言，也是因为当初岳飞好饮，而赵构曾鼓励说：“卿异时到河朔，乃可饮。”而如今的岳飞是真看到了希望，看到多年以来的理想似乎就近在咫尺，已唾手可得。

七月十八日，金兀术率领十万大军驻扎于开封西南四十五宋里的朱仙镇，岳飞的岳家军也抵达了距离朱仙镇四十五宋里的尉氏县。期间有过一次规模很小的战役。当岳家军前哨的五百名背嵬军[1]铁骑抵达朱仙镇时，双方有过一次短暂交锋，金军又一次溃不成军，几乎丧失了抵抗的勇气和能力。

这使得金国的战争狂人金兀术都直欲弃汴京而去，但金军中一位书生却提醒金兀术说："自古未有权臣在内，而大将能立功于外者！以愚观之，岳少保祸且不免，况欲成功乎？"金兀术认为很有道理，于是暂留不动。

诚如这位书生所言，战争形势最好的时候，也是岳飞个人命运最差的时候。

朝内的秦桧及时出手了。秦桧让张俊等其他部队通通撤回，然后报告说"岳飞孤军不可久留，乞令班师"。同时，秦桧也让手下人纷纷上奏说："兵微将少，民困国乏，岳某若深入，岂不危也。愿陛下降诏，且令班师。"

果然，即将直捣黄龙却又孤军深入的岳飞，得到的不是鼓励，不是嘉勉，而是赵构一道又一道用词极为严峻的退兵诏令，以及一日之内连续下达的十二道金字牌。岳飞愤然落泪，下令班师，仰天长叹："臣十年之力，废于一旦！非臣不称职，权臣秦桧实误陛下也。"

这时候岳飞终于明白朝廷就是不愿他抗金成功，但他也不敢归罪于赵构，只能指向秦桧。与此同时，百姓拦住岳飞的坐骑痛哭。岳飞也哭着取诏表示："吾不得擅留。"但岳飞最终还是决定留军五日，以掩护当地百姓迁移襄汉。

---

① 背嵬（bèi wéi）军，南宋时期岳飞统领的一支精锐骑兵部队。背嵬，盾牌的一种，同时也指大将帐前的骁勇之士，泛指古代大将的亲随军。

绍兴十一年（1141 年）四月，回到朝廷的岳飞心灰意冷，很快就被削去兵权，罢官赋闲。而失去兵权的岳飞，顿时成了案板上任人宰割的肉，秦桧及其党羽毫不客气地一拥而上。

终于，绍兴十一年十二月二十九日，万俟卨[①]等官员通过秦桧向皇帝上报奏状，提出将岳飞处以斩刑，张宪处以绞刑，岳云处以徒刑。如此惩罚，已是秦桧、万俟卨等人能想到的极限了。

赵构当日赶紧亲自批复："岳飞特赐死。张宪、岳云并依军法施行，令杨沂中监斩，仍多差兵将防护。"赵构这样急切，因为这一日再不杀，马上便是来年开春，于规矩就不好杀了。

如此紧迫的用刑时间，如此残酷的用刑方式，以及对岳云的加倍处罚、对各种细节的嘱咐，都不难看出此时赵构已将内心的残忍和快意通通释放宣泄出来，这一天他大概也是等得太久太久了。

当日，岳飞"毙于狱也，实请具浴，拉胁而殂"，还在大狱里就先被猛击胸肋而死，根本没等到被押往闹市斩首。时年，三十九岁。

至于次要一点的张宪和岳云被拉到临安闹市，当众处斩。这还没完，事后赵构下令将岳飞和张宪的家属流放到广南（岭南），并且很耐心很细节地嘱咐"差得力人兵防送前去，不得一并上路"。做完这一切，赵构才心满意足。

不久，已与南宋议和的金国诸将闻讯，都松了口气，酌酒相贺"岳飞之死"，庆祝"和议自此坚矣"。

值得注意的是，绍兴和议在十一月就已经达成，但岳飞却是在

① 万俟卨（mò qí xiè），时任右谏议大夫，秉承秦桧的意图，打击主战派，并主导了岳飞之狱。他诬陷岳飞虚报军情及逗留淮西等罪名，导致岳飞父子和张宪等人被害。

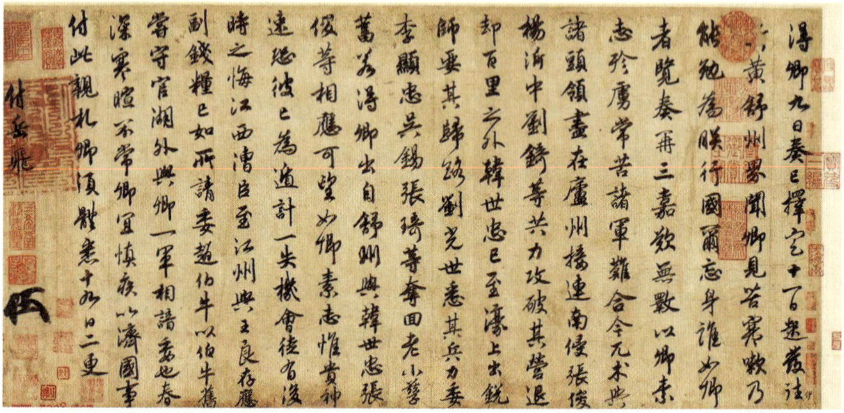

《赐岳飞批劄卷》【宋】赵构 纸本 行书　台北兰千山馆藏

《赐岳飞批劄卷》是宋高宗写给岳飞的密旨，作于绍兴十一年春，这一年十二月末岳飞被赐死。书信云：

得卿九日奏，已择定十一日起发往蕲黄、舒州界。闻卿见苦寒嗽，乃能勉为朕行，国尔忘身，谁如卿者？览奏再三，嘉叹无斁。以卿素志殄虏，常苦诸军难合，今兀术与诸头领尽在庐州，接连南侵，张俊、杨沂中、刘锜等，共力攻破其营，退却百里之外。韩世忠已至濠上，出锐师要其归路，刘光世悉其兵力，委李显忠、吴锡、张琦等，夺回老小孳蓄。若得卿出自舒州，与韩世忠、张俊等相应，可望如卿素志。惟贵神速，恐彼已为遁计，一失机会，徒有后时之悔。江西漕臣至江州，与王良存应副钱粮，已如所请委赵伯牛，以伯牛旧尝守官湖外，与卿一军相谙委也。春深，寒暄不常，卿宜慎疾以济国事。付此亲札，卿须体悉。十九日二更。付岳飞。

在书信中，赵构提到岳飞一直有志于消灭敌军，但苦于各军之间难以协调，故派遣岳飞迅速从舒州出发，与韩世忠、张俊等将领相互配合，以期达到更好的军事效果。这种强调协同和谨慎的态度，以及“春深，寒暄不常”暗示当前形势的复杂性和不确定性，可以从中窥见赵构对于军事部署的掌控性、对于局势的忧虑及对议和的期望。

十二月被处死的。也就是说，岳飞并不是宋金议和的必要条件，尽管金人曾经提过“必杀飞，始可和”，但最终也并没有坚持执行。所以岳飞之死，不是金人非要岳飞死，而是赵构要岳飞死。

清人俞正燮就在《癸巳存稿》中说：“（赵构）所以杀武穆者，非为和议也，正以卨、俊言，示逗留之罚与跋扈之诛，杀之有名，可以驾驭诸将，又恶其议迎二帝，不专于己，故杀之。”也就是说，对于赵构来讲，岳飞是死于逗留不前和跋扈不驯，死于不听话。

再来看看赵构心心念念达成的绍兴和议吧：

南宋向金称臣赔款，金朝册封赵构为皇帝。每逢金主的生日及元旦，南宋均须遣使称贺，宋每年向金纳贡，其中银二十五万两、绢二十五万匹，自绍兴十二年（1142 年）开始，每年春季运送至泗州交纳。

其中最为讽刺、最为痛心的一幕是，此时南宋割让的唐州、邓州以及商州、秦州的每一寸土地，无不是曾经岳飞带领无数将士在战斗中用鲜血和生命换来的。

自此，那些“过河过河”“待从头，收拾旧山河”的豪壮呐喊声彻底远去了，取而代之的是“暖风熏得游人醉，直把杭州作汴州”这样咿咿呀呀的柔靡歌声。

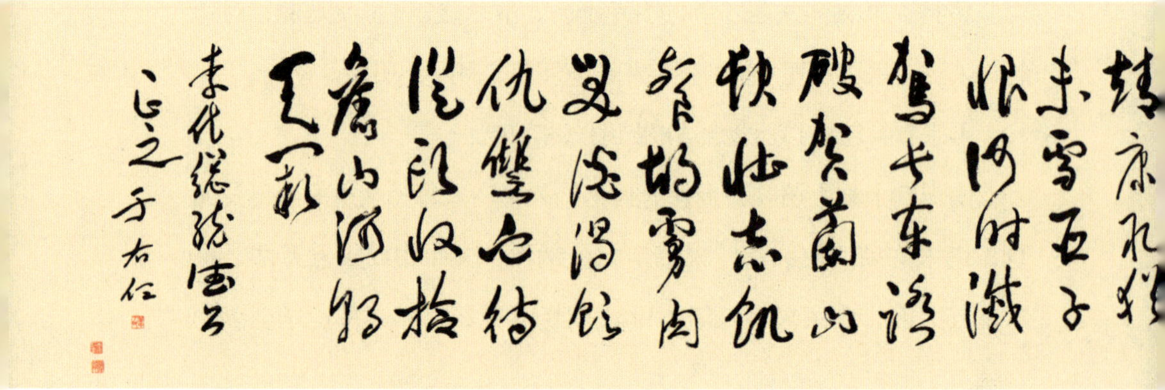

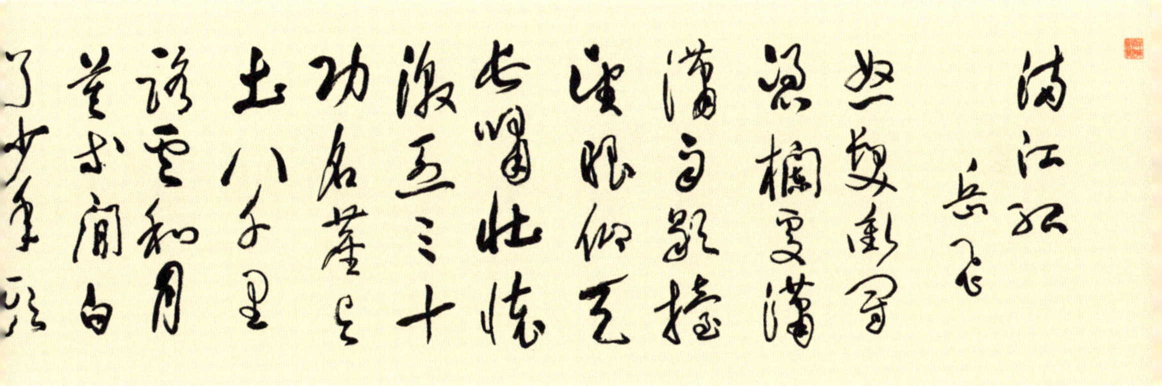

《满江红》【近代】于右任 草书 李宗仁珍藏

《满江红》相传是南宋抗金名将岳飞创作的诗歌，全诗云：

怒发冲冠，凭栏处，潇潇雨歇。抬望眼，仰天长啸，壮怀激烈。三十功名尘与土，八千里路云和月。莫等闲，白了少年头，空悲切！

靖康耻，犹未雪。臣子恨，何时灭？驾长车，踏破贺兰山缺！壮志饥餐胡虏肉，笑谈渴饮仇雠血。待从头，收拾旧山河，朝天阙！

岳飞一生都在为保卫国家、抵抗外敌而奋斗，这首诗象征着岳飞的战斗精神。于右任是中国近代民族民主革命的先驱，他运用草书的方式书写《满江红》，线条苍茫厚重，气势磅礴有力，这不仅是对岳飞这位民族英雄的致敬，更是对抗金战斗精神的传承和弘扬，使人仿佛能够感受到岳飞在战场上英勇杀敌、保家卫国的壮丽场景。

“忠臣”张俊
——把灵魂出卖给帝王的权谋家

一

告别了岳飞之后，再回过头，看看同时期的另一位岳飞的老领导兼同行的表现。他就是张俊，是所谓的南宋“中兴四将”之首，排位还在岳飞之上。

绍兴十一年（1141年）四月，距离“岳飞之死”仅剩最后的大半年。刚刚升为枢密使的张俊，这几天颇不宁静。最近前线的武将又打了数次大胜仗，将金人过去的嚣张气焰一挫再挫。整个南宋朝堂的气氛似乎也远胜往昔，愈发雍容、镇定、祥和。

但张俊自己知道，这看上去波澜不惊的背后，隐隐已有一场针对武将的大风暴在蓄势待发。

正值这微妙时刻，高宗赵构和宰相秦桧先后都同张俊谈话，一个“单独召见”，另一个就将“密约和议”提前告知张俊，搞得既神秘又默契。甚至内容都相差无几，都是朝廷要同金人和议、要收回各大将在外的兵权。另外，对于武将中最不配合的“那个人”，就请你张俊出个头、帮个忙，将其拿下吧。

这个最不配合的人，自然就是脾气和名气一样大的岳飞。

在此之前，我们不得不先抛出几个问题。对于扳倒岳飞这样一件至关重要的大事，高宗赵构为什么信任张俊，选择张俊？张俊又凭什么能办成这样一件惊天动地的大事？

二

先说张俊和赵构之间的关系。赵构对张俊的信任到底从何而来？

说起来，张俊的出身并不高贵。他出生在西北边陲的一个普通的贫民家庭，父亲很早就去世了。在这种艰苦环境中成长起来的张俊，反而下了一番苦功夫，练就了一身好武艺，所谓“负气节，善骑射，里豪不能诎”。祖母田氏对他非常看好和器重，就对张俊的母亲说：“是儿必兴吾门。”

此后张俊在军中表现得果然相当勇猛，没有辜负祖母的期望。他的作战风格是“皆先登”，凭借着多次的“皆贾勇先登”，他很快从底层的士兵成长为一位善战果敢的将军。一时间几乎军中人人都知道，这人能处，一有战事他是真敢打、真能上。

在北宋靖康元年（1126年）五月，北宋名将种师中在驰援太原一战中大败并当即饮恨沙场时，张俊当时作为一名小小队将却能临危不乱，带着数百人的小队在乌河川大呼死战，带头反攻，最终成功斩首五百金兵，以少胜多，一时间声名鹊起。

当然了，张俊除了能打，也非常聪明。他虽然没怎么读过书，但脑子特好使，这一点就体现在选择效忠的领导上。

之后金兵包围汴京，张俊也及时率队赶来支援。正是在此期间，他遇见了人生中最为重要的贵人——当时的兵马大元帅赵构。当赵构第一次在自己的元帅府见到相貌堂堂、英武雄壮的张俊时，不由眼前一亮，当即擢升他为元帅府后军统制，直接将他纳入自己的麾下。

跟着新领导的张俊也是尽心尽力，同时更是敢于提前下重注。就在钦宗皇帝命中书舍人张澂来诏大元帅赵构回汴京，让赵构将兵权交给副元帅时，张俊第一个态度鲜明、立场坚决地对赵构表示："此金人诈谋尔。今大王居外，此天授，岂可徒往？"

意思是，眼下钦宗皇帝被金人围困在内，而大王您在外，这岂不是天赐皇位给大王您吗？您怎么能够去汴京呢？

赵构一听，觉得很有道理，当即决定汴京不去了，兵权也不交了，爸爸徽宗、哥哥钦宗也都不管了，汴京城的官员和百姓就更别提了，自顾自地默默带兵远离险地，奔向济州。

事实证明，对于赵构个人来讲，张俊的提议无疑非常正确。不久汴京城就被金人攻破，徽宗和钦宗更是被金人直接掳走。眼见两个皇帝都没了，一时间整个大宋朝都显得那样不知所措又惶惶不安。

张俊却气定神闲，非常淡定地开始劝说大元帅赵构应该赶紧给自己升职，即位当皇帝。这次赵构泪流满面，拒不答应。张俊也并不泄气，这毕竟是劝人做皇帝，哪有这么容易？他知道，有的是时间和机会。

在劝谏赵构即位当皇帝这件事上，张俊采取的是双管齐下的办法。

一是作为武将的自己亲自出马，多次苦口婆心地劝说：“大王皇帝亲弟，人心所归，当天下汹汹，不早正大位，无以称人望。”总之，您要是不当皇帝，天下的百姓该怎么办啊。

二是让文官身份的耿南仲不断上奏劝说，如此反复三次，赵构终于决定由张俊随从护卫，离开济州，前往应天府，接受帝位，并且当年就改元为“建炎”。用意也很直接：建隆再造，以火克金。要先从年号上来克制、盖住金人。

顺利登基的赵构当然也没忘了张俊的拥立之功，就在南宋政权刚刚建立之际，赵构就将手头所有部队统编为前、后、左、右、中五军，各军设统制一位，其中的前军统制就是张俊。这就像刘备即位汉中王后，马上拜关羽为前将军、张飞为右将军、马超为左将军、黄忠为后将军等。也算是给对方的大力支持、积极拥戴的部分回报，同时也是对这般“从龙之臣”的高度认可。

至此，高宗赵构和张俊二人的利益已然有了愈发深层次绑定的趋势。

值得一说的是，此时赵构麾下的五军都提举由刘光世担任，左军统制由韩世忠担任。后来鼎鼎大名的“中兴四将”，这里就已经凑齐了三位，阵容堪称豪华。

赵构此时虽有一定的军事力量，也曾一度煞有其事地哄人说：“朕将亲督六师，以援京城及河北、河东诸路，与之（金人）决战。”但最终还是决定“巡幸东南”。说是“巡幸”，实则是逃跑。

赵构的南逃之路相当狼狈。建炎三年（1129 年）正月，金兵袭击扬州，赵构为了自己继续顺利南逃，把张俊、刘光世等心腹通通派遣去殿后，阻止金兵继续追击，身边只留苗傅一军护驾赶赴杭州。

苗傅资历很老，是当初赵构身为康王、兵马大元帅时的心腹。赵构即位后封五军统制，苗傅就担任了右军统制，也是颇得赵构信任。

两个月后，苗傅和另外一位武将刘正彦因不满赵构及赵构信赖的权臣王渊、康履二人，便在南逃的路上发动政变，直接斩杀了王渊、康履二人，又迫使赵构退位，让三岁的皇太子即位，苗傅、刘正彦二人则把持朝政。这就是轰动一时的“苗、刘兵变”。

苗、刘二人发动政变之后，环顾杭州周边的驻军，最担心的就是兵力最强的张俊。于是伪造命令，用升官的方式企图让张俊远离杭州，将其派往凤翔府去任职，从而解除他的兵权。

接到命令的张俊正感疑惑之际，瞒不住的苗、刘兵变就也跟着传来了。张俊反应很快，在第一时间同周边的韩世忠等人会合，其间多次拒绝苗、刘二人的高官厚禄，最终向韩世忠借兵，成功合力攻进杭州城，救得高宗赵构，圆满地完成了勤王任务。

这件事令赵构非常感动，当时就给张俊加官进爵，拜张俊为镇西军节度使、御前右军都统制，不久又拜为浙东制置使。甚至哪怕多年之后张俊去世，赵构也对这一功劳念兹在兹：“俊在明受间，有兵八千屯吴江，朱胜非降授指挥，与秦州差遣，俊不受，进兵破贼，实为有功，可与赠小国一字王。”

不只是口头表扬，更有实际好处，特地追封张俊为循王。封王这一举动非同小可，这是自宋太宗淳化年号（990—994年）之后，异姓被封真王的第一例。赵构对张俊这一关键时刻勤王的认可和感激，由此可见一斑。

这也是张俊继当初成功拥立赵构当上皇帝之后，又一次成功将赵构扶上皇帝宝座。而两人的利益绑定关系，也是得到持续地深入和强化。

那么，还有什么功劳能比肩两次拥护皇帝上位这种顶级功劳呢?

其实也是有的。那就是再一次护住赵构的人身安全和皇帝宝座。

建炎三年是赵构内忧外患、四处逃亡的一年。好不容易解决了内部的苗、刘兵变，有惊无险地实现了复辟，同年十月，外边的金人就又火速打来了。并且是金国四太子金兀术亲自率兵十万，分三路南下，直奔临安。吓得身在越州的高宗赵构赶紧逃向明州。因为有了苗、刘兵变一事，率先勤王的张俊就成了赵构身边最重要也最受信任的一支护驾部队。

可金人实在来得太快，赵构最终还是决定将张俊留下抵抗金兵，并赐亲笔书信说："朕非卿，则倡义谁先；卿舍朕，则前功俱废。宜戮力共捍敌兵，一战成功，当封王爵。"信的内容不长，但期望很高，明摆着是对二人利益的又一次深入绑定。

一是回顾过去，给予肯定，我要是没有你，那么谁肯率先倡议，让我早登帝位呢；二是讲明利害，你要是没了我，那么你此前的功劳全都白费了。总之一句话，只要你努力能让我继续当皇帝，我就能封你当王!

手里拿着皇帝画的大饼，眼里看着皇帝溜之大吉的张俊，只能选择积极准备断后，为皇帝逃跑争取足够的时间。

宋金交战初期，"自金兵入中原，将帅皆望风奔溃，未尝有敢抗之者”。正因为如此，在南宋将帅普遍不敢打仗只能逃窜的情况下，金兵才能追得又急又快。张俊同样遇到了这样的情况，在金人快要逼近明州的时候，张俊想要派人去查探军情，但偌大的军营竟然“无敢应者”，最终有位叫任存的小兵挺身而出，才探得金军虚实。

很快，建炎三年十二月，金将阿里、富勒珲二人率领大军赶到明州城下。因为有太多不战而胜的事例在前，不曾休息的金兵直接就对明州城发起进攻。

明州城内的张俊一军，尽管占据地利早有准备，又是以逸待劳，但仍付出了极惨重的代价。

张俊先是派统制官刘宝等出战，一路远道而来的金兵战斗力仍旧很强，刘宝身边的将领党用、邱横等当场战死。

眼见金兵这般凶悍，张俊赶紧将手头的大将通通派遣出去。统制官名将杨沂中、田师中，统领官赵密等，无不纷纷加入战场，并且无一不是拼了命的打法：“舍舟登岸力战”，“皆殊死战”。

即使这样，战事仍旧一度陷入僵持。直至明州地方军中主管殿前司公事李质率领舟师、知州事刘洪道率领州兵火速驰援，才得以将金兵暂时击退。

金将阿里、富勒珲二人打仗一向以凶悍著称，在第一次失利之后，非但不退，反而接着发动猛烈进攻。但在张俊的正确指挥下，阿里、富勒珲用尽办法也没能拿下明州城，只得暂时退守余姚，向后方更生猛的金兀术求援。

等到金兀术援军到后，孤立无援的明州城虽然终于被攻破，但张俊已成功地为赵构争取了足足 17 天的宝贵时间，自己也从容撤退。

逃到后方的赵构听到相关消息后，忍不住又一次亲笔写了《明州奏捷赐诏》赐给英勇善战的张俊，在诏令里面明确表示：

> 朕观国家，自金人入寇以来，士气沮丧，莫敢撄其锋者。今复遣轻兵深入四明，卿贾勇先登，以身督战，大获胜捷，忠宜之节，俘馘之功，独高一时……望于卿者懋功之赏，朕不敢私，故兹亲笔奖谕，想宜知悉。

张俊打的这一场明州之战，不仅仅当时的高宗赵构相当认可，在之后的宋孝宗乾道二年（1166年），南宋朝廷开始总结和表彰宋金战争中所立战功时，张俊的明州之战也被评为“乾道十三处战功”之首。

此后，张俊也得以顺风顺水地一路高升。尽管没有如约被立即封王，但在整个两浙地区，除了刘光世、韩世忠两人以外，其他众将，哪怕是另外一位当初同为五军统制里的后军统制陈思恭也通通归张俊指挥。

我们也不难回答最开始的问题。张俊之所以深得赵构信任，就是因为他的三大特点深得赵构之心，那就是既忠心、又能打、还好用。这样的手下，谁不爱呢？

三

渐渐地，对于高宗赵构来讲，国内外的主要矛盾发生变化了。

外面金人对自己的威胁程度不断下降，而内部武将的威胁程度反倒水涨船高，其中以岳飞风头最盛，兵锋最锐，威胁也最大。

早在南宋建立之初，赵构为了这个极为孱弱的政权能够生存下来，不得不放弃重文轻武的祖宗家法，开始重用武将，允许武将自行扩军，这些武将便得以自由自在地野蛮生长。像岳飞大破杨幺水军之后，首先就是迅速收编其中成员，使得岳家军一度达到惊人的十万人。

除了岳飞所领导的岳家军之外，张俊的“张家军”、韩世忠的“韩家军”、吴玠的“吴家军”等也都是一样，都享有颇高的自主权。尽管如此，朝廷为了稳固政权，非但要睁一只眼闭一只眼，还要不断以高官厚禄来稳定和笼络这些武将的心。以至于当时的中兴诸将，如“韩、张、吴、岳、杨、刘之流，率至两镇节度使”。此后的张俊、韩世忠更是增加至三镇。据台湾地区石文济的《南宋中兴四镇》统计来看，这种趋势尤为直观：在建炎元年（1127 年），四镇总兵数仅占全国总兵数的 5%，但是八年以后，到绍兴五年（1135 年），四镇总兵数是十八万，占全国二十万总兵数的 90%。

同时这些大将还享有相当大的军政、财政及民政大权，在各地行事相当自由。对于武将来讲，这实在是一段“你好我好，各自欢喜”的美好岁月。但对于赵构、对于朝廷来讲，可就无疑是一段憋屈又无力的难受时光。

等到绍兴五年（1135 年），在岳飞大破杨幺的水军之后，南宋政府终于摆脱了此前内忧外患的尴尬局面，开始试图解决关于武将的兵权问题。

对于解除兵权一事，因为绍兴七年（1137 年）出现了极为沉痛的淮西兵变，之后朝廷倒也并不猴急，而是等待时机成熟，再一个接着一个慢慢解决。

等到绍兴十一年（1141 年）时，宋金又一次交战，这一战打得很是漂亮，一度大败金兀术十万众于柘皋，是为“柘皋之战”。而这一战，在后来同样也被评进“乾道十三处战功”。此时金国已无力攻宋，只好准备重新与南宋议和。这就给了高宗赵构又一次打压武将、收回兵权的机会。这时候，南宋国内所剩兵力最多、战力最强的，要数张俊、韩世忠、岳飞三人。

在这三人里面，岳飞和韩世忠的主战心思尤其强烈。尤其是岳飞，他功劳卓著，但脾气倔强、性格刚直，相对而言最不好拿下，堪称赵构集权路上的最强劲敌。

对于赵构来说，要扳倒最难对付的劲敌，自然得用最能打的心腹。这位最强的心腹，非张俊莫属。尽管张俊向来和赵构是深层次的利益共同体，但在收回包括张俊本人在内的各武将的兵权这样的重大事务上，赵构仍然不得不慎重考虑张俊的态度和情绪。

张俊的态度呢，一开始显得摇摆不定。一方面，张俊此前虽也曾强烈反对过消除兵权一事，想要保全自己的兵力。但另一方面，在对金人的战与和的大方向上，张俊还是很敏锐地紧跟朝廷的态度，选择主和。与那些看不清政策风向变化、一味高呼酣战的“主战派”如岳飞、韩世忠相比，张俊的态度可谓是截然不同。

赵构这样一通盘算，与他向来绑定在一块儿的张俊无疑是最好拿下的，也是最顺手、最好用的。所以，高宗赵构选定的第一人便是张俊，并单独召他谈话，做思想工作。《续资治通鉴》记载完整的谈话内容是这样的：

帝问曾读《郭子仪传》否，俊对以未晓。

帝谕云：“子仪方时多虞，虽总重兵处外，而心尊朝廷，或有诏至，即日就道，无纤介顾望，故身享厚福，子孙庆流无穷。今卿所管兵，乃朝廷兵也，若知尊朝廷如子仪，则非特一身飨福，子孙昌盛亦如之；若恃兵权之重而轻视朝廷，有命不即禀，非特子孙不飨福，身亦有不测之祸，卿宜戒之。”

简单来讲，高宗赵构这段话，大概意思就是让张俊要向唐代的郭子仪学习。

郭子仪是何等人呢？唐代史臣裴垍讲过是“权倾天下而朝不忌，功盖一代而主不疑”。高宗赵构在这里也说得非常明白，要是张俊能像郭子仪一样忠诚，则“身享厚福，子孙庆流无穷”；反过来，要是不能像郭子仪那样听话，则“有不测之祸”。

一言蔽之，你张俊要是敢跟我对着干，你就看着办吧。诚惶诚恐的张俊在接过赵构的密令之后，帮赵构解除其兵权的第一个大将，既不是岳飞，也不是韩世忠，而是他自己。

绍兴十一年（1141 年）四月，高宗赵构在事先与张俊沟通后，以赏赐柘皋之战的功绩为名，采用明升暗降的办法，升任张俊与韩世忠为枢密使，同时将岳飞提升为枢密副使[①]。

同时，高宗赵构也巧妙地放出烟雾弹，表示这是给大家升职并增

① 这一举动看似是升迁，但实际上却是剥夺了这三位将领直接统率军队的权力，特别是岳飞和韩世忠，他们原本是坚决主张抗金的。通过这一手段，赵构进一步加强了中央集权，为之后的和议铺平了道路。

郭子仪像　绢本设色　北京故宫博物院藏

郭子仪（697—781）是唐朝中期的重要军事人物，曾平定安史之乱，收复洛阳和长安两京，功勋卓著，被封汾阳郡王，是忠诚、英勇和功成名就的典范。在画像中，他头戴软脚幞头，身穿圆领袍，手执象牙笏板的形象，庄重而威严，展现了他作为庙堂高官的仪范，为后世树立榜样。

加兵权："朕昔付卿等以一路宣抚之权尚小，今付卿等以枢府本兵之权甚大。"意思是过去赋予你们一路宣抚的权力尚且有限，如今赋予你们枢密使、枢密副使这一掌管军事大权的职位，权力更为重大。

早已心领神会的张俊率先主动请求解除自己的兵权。此时身为枢密使的张俊带头表示："臣已到院治事，见管军马，伏望拨属御前营内。"意思是我已就职枢密院，现管理的军马，希望交由御前直接统领。他第一个交出手中兵权，不愧是赵构的心腹。

这让赵构相当满意，专门召见岳飞，在他面前再一次大赞张俊有郭子仪的风范。当然，这同时也是在暗示岳飞应当向张俊"见贤思齐"，交出兵权。

随后，赵构便同时宣布撤掉三人以前的宣抚司，将其手下各部通通改称统制御前军马，隶属于枢密院，由朝廷直接控制。

在岳飞尚且还不大明白，或者说还不愿意去明白高宗用意的时候，另一位向来谨慎机敏的韩世忠却秒懂了，知道朝廷风向变了，当即将自己这些年辛辛苦苦积蓄下来的军储钱百万贯、米九十万石、酒库十五座上交于国，以迅速自保。

可即便如此，等到五月的时候，朝廷还是派遣枢密使张俊和枢密副使岳飞二人前往楚州安抚原属于韩世忠的军队。说是安抚，实际上是想进一步分割韩世忠的"韩家军"。同时也是想让这三大将彼此产生嫌隙，从而避免他们铁板一块，对抗朝廷。

这里不得不先理清三人之间的关系，因为这三人之间的关系本来也挺亲密，不是完全没有合作乃至联盟的可能性。

先说张俊和韩世忠，他们既是多年战友，又是儿女亲家，关系铁得不行。张俊的二女儿嫁给了韩世忠的第二子，第五子又娶了韩世忠的小女儿，可以说是亲上加亲。至于这两人与岳飞的关系呢，则要稍微复杂一点。

早在建炎四年（1130 年），岳飞还是张俊手下的一员部将。在张俊眼里，岳飞大概就是一个跟着自己混的小兄弟。有一说一，对于骁勇善战的岳飞，张俊一度相当欣赏，且多次加以举荐、提拔。无论是在建炎四年张俊征戚方，还是在绍兴元年（1131 年）张俊讨李成的战役当中，岳飞都是张俊极为看好并重用的武将。当时的宰相范宗尹就曾表示："张俊自浙西来，盛称飞可用。"

随后剿流寇、平江淮等战役中，张俊也是上奏"飞功第一"，并且"加神武右军副统制"，这时候张俊本人担任的就是神武右军都统制。也就是说，张俊曾让岳飞做了自己的副统制、副手，足见他对岳飞的器重。这也是两人的蜜月期，如果能一直保持下去，两人确实有合作的可能性。

然而到了绍兴四年（1134 年），张俊就发现一个令人震惊的现象。尽管他升官的速度已经够快了，却没想到岳飞比他更快。就在这一年，年仅三十二岁的岳飞成功收复襄阳六郡，被封为清远军节度使，与资历更老的张俊、刘光世、韩世忠等平起平坐。

要知道，哪怕是深受高宗赵构宠信的张俊都是四十三岁才受封节度使，由此可见岳飞的升官速度实在惊人。这时候的岳飞也显得颇为轻狂，把握不住自己说话的尺度，导致类似"三十二岁建节，自古少有""己与太祖以三十岁除节度使"等言论不胫而走。对此，张俊的反应是忌惮。这不仅让张俊一个人无法接受，韩世忠也同样感到不平。

《宋史·岳飞传》记得很清楚：

> 初，飞在诸将中年最少，以列校拔起，累立显功，世忠、俊不能平，飞屈己下之。幕中轻锐教飞勿苦降意。

而这种颇为尴尬的局面，到了岳飞大破杨幺水军之后，挑选了各种楼船、兵器、器械，分别送给韩世忠、张俊二人，向他们主动示好，才有所转变。

但这种转变又展现出了两种截然不同的态度：世忠始大悦，而俊益忌之。对于岳飞如此迅速地崛起，心中感到不快、不爽、不满，本也是人之常情。然而在岳飞主动示好之后，韩世忠和张俊各自的反应确实高下立判。虽然岳飞的晋升迅速，但说到底也是用一场接着一场的血战打出来的，并没有走捷径。

在所谓的“中兴四将”中，刘光世因一贯相对最畏惧金军，遇到战事往往多不奉诏而设法逃避，成为第一位被收去兵权的大将，与其他三位将领的来往和纠缠也就没那么多。

但在高宗赵构的一通安排与算计之下，剩余的三位将领中，张俊与岳飞、韩世忠二人之间更复杂、更深入的纠缠，就此拉开了序幕。

四

绍兴十一年（1141年）五月，尽管谨慎的韩世忠已向朝廷主动示好，但赵构还是决定让枢密使张俊、枢密副使岳飞二人，前往楚州安抚原属于韩世忠的军队。

在张俊、岳飞离开临安府之际，宰相秦桧就代表朝廷在政事堂示意二人此行要“以罗织之说，伪托上意”，做掉韩世忠。同时分割和肢解韩世忠的“韩家军”，让“韩家军”从前线楚州撤到后方的江南镇江府。对此岳飞当场就反唇相讥，表示：“世忠归朝，则楚州之军，即朝廷之军。”秦桧无言以对，只得将任务甩给张俊。

面对高宗和秦桧交代的任务，张俊没办法，想让岳飞起头，自己跟着来分割韩世忠麾下最为精锐的背嵬军。岳飞还是不干，又严词拒绝：“不然，国家所赖以图恢复者，唯自家三、四辈。万一主上复令韩太保典军，吾侪将何颜以见之？”大意是说：国家所依赖以图谋复兴的，唯有我们三四人而已，万一皇上再次命令韩太保掌管军队，我们将有何面目去见他呢?

眼见岳飞义正词严地表示自己没脸干这事，张俊也不好有何动作，心里始终“不大乐”。

接下来在讨论该如何安置楚州城的时候，两人又起了争执。张俊认为应该执行高宗的命令，及时修缮城池，加强防御。但岳飞又一次反对：“吾曹蒙国家厚恩，当相与戮力复中原，若今为退保计，何以激励将士？”这让张俊“又不乐”。

眼见岳飞各种不配合，唱反调，没法完成任务，张俊最终只得强行下令摧毁海州城，将百姓迁往后方镇江府，一度搞得“人不乐迁，莫不垂涕”，同时又将韩世忠的精锐军队通通调往临安屯驻。

对此，赵构给予了高度的重视。虞集的《高宗御书》里还能看到相关诏令：“成闵所管人，有见在苏州者。卿可拘收前去，恐走逸了。

共及百来人，见在亲随马拨入背嵬军。付俊。”

成闵是韩世忠的部将，该部不过百余人，相较于数万人的楚州军而言，无疑是微不足道的，竟也让赵构不嫌烦劳，亲自过问，足见赵构的重视程度。

张俊、岳飞二人就这样完成任务后，回到临安府。然而岳飞还没意识到问题的严重性，愤懑地习惯性发脾气，表示要辞职，并请求高宗“别选异能，同张俊措置战守”。就在这时，张俊终于决定对岳飞下手了。

张俊选择这时候动手，固然是因为在楚州与岳飞的矛盾进一步激化，他想要发泄对岳飞的不满。同时也出于张俊对时局的高度敏感，尽管解决了韩世忠的兵权问题，但他还是担心高宗怪罪他没能彻底肢解“韩家军”，所以为了推卸责任、进行自保，历来谨慎的张俊也必须对岳飞动手了。

于是张俊大肆散布岳飞“议弃山阳（楚州），专欲保江”的流言，而早就想干掉岳飞却又苦于无甚把柄的高宗赵构、宰相秦桧也都心领神会，纷纷借着这个由头重拳出击，火速与张俊形成合力。赵构当即表态：

> 飞于众中倡言：“楚不可守，城安用修。”盖将士戍山阳厌久，欲弃而之他，飞意在附下以要誉，故其言如此，朕何赖焉！

大意是说：岳飞在众人中公开宣称楚州无法防守，修城又有何用，这大概因为将士们戍守山阳已久，心生厌倦，想要放弃转移到其他地方，岳飞此言是为了迎合部下以博取声誉，他这样说，让我如何依赖他呢！

他还特意强调一番，我可不是冤枉岳飞的，都是岳飞自找的。秦桧当然也及时补刀："飞对人之言乃至是，中外或未知也。"即岳飞对他人所言竟然如此，朝廷内外或许还不知晓。秦桧立马组织人手疯狂地弹劾岳飞，列举他的各种罪行。

与此同时，张俊也继续发力，派人直接去抓捕岳飞部队中的王贵、王俊等人，以进一步构陷岳飞。

最终在赵构、秦桧、张俊三人的合力之下，绍兴十一年（1141年）十月便把岳飞投入大狱，并很快将其杀害。《宋史》记下了这一笔："飞之死，张俊有力焉。"

同样，岳飞的后人岳珂在《吁天辩诬通叙》中记下了这样一笔："盖先臣之祸，造端乎张俊，而秦桧者实成之。"只不过岳珂受当时所限，只能提到张俊、秦桧二人。但也明确给张俊定了性，是"造端者"，也就是第一个向岳飞开炮的人。

对此，曾被岳飞救过但此刻已没了兵权、只能赋闲在家的韩世忠特地赶来质问秦桧，秦桧便答："其事体莫须有。"

韩世忠忿然道："相公，'莫须有'三字，何以服天下？"

可韩世忠再怎么忿然也没用，因为这时候的赵构显然已经用不着这些武将来保家卫国了，到了要收割兵权的时候了。

后来朱熹评价此事就说："张与韩较与高宗密，故二人得全。岳飞较疏，高宗又忌之，遂为秦所诛，而韩世忠破胆矣！"[①]

① 出自《朱子语类》。《朱子语类》记录南宋理学家朱熹与弟子问答的语录，由黎靖德于南宋景定四年（1263年）开始以类编排。

但不论是“忿然”还是“破胆”的韩世忠，其实都不重要了，也没人在乎了。

此刻明面上暂时赢得胜利的是枢密使张俊，一时间赚得盆满钵满，这些被收回的枢府本兵之权，都尽付于张俊。

五

之所以说张俊是暂时赢得胜利，是因为对于高宗赵构来讲，哪怕是帮他成功解决掉韩世忠和岳飞的张俊，也绝不可能使其一直大权在握。

同时，对于张俊而言，比岳飞、韩世忠更强有力的竞争对手出现了，这个人是秦桧。到了绍兴十二年（1142 年），有了韩世忠和岳飞的前车之鉴，所谓“飞既诛，世忠亦罢，俊居位不去，桧乃使江邈论罢之，由是中外大权尽归于桧”，最后剩下的张俊也很快遭到秦桧的弹劾，赵构也很是轻松地、轻车熟路地罢免了张俊的枢密使职务。

至此，三大将的兵权终于全部收回，高宗赵构也十分欣慰地发泄出压抑多年的心里话：“今兵权归朝廷，朕要易将帅，承命奉行，与差文臣无异也！”以前难以指挥的武将，现在是想怎么用就怎么用了，简直就像文臣一样乖乖听话。

这番心里话发泄完之后，赵构这才想起还是得安抚安抚张俊。毕竟相较于忠愤激烈的岳飞、谨慎小心的韩世忠这样的主战派，张俊明显更加懂事听话，也更为好用。

所以尽管赵构先将张俊的枢密使一职罢免了，但他也很及时地进封张俊为清河郡王，让他好好当一位富家翁。这一切，就像当初太祖皇帝对待大功臣石守信等人那般，一方面收回兵权，一方面给予相应的待遇。

对此，张俊相当配合，也毫不客气。他疯狂地兼并土地，大肆占据田产，很快就有了良田一百多万亩，每年所收的租米都足足有六十万斛，一跃成为当时实至名归的第一大富翁、大地主，江湖人称“占田遍天下，而家积巨万”；同时，关于“只见张郡王在钱眼内坐”的说法也颇为流行。

当高宗赵构于绍兴二十一年（1151 年）十月亲临张俊府第时，这位大富翁兼大地主张俊便开始了他一生中最为高调的表演，向高宗进献的珠玉锦绣，无一不价值巨万。而且自宰相以下的官员，无一不得其馈赠。

同时，张俊用来安排招待高宗赵构的盛大的筵宴，仅仅是菜单就能把人看晕。往后清朝皇帝们爱摆弄的什么满汉全席，跟张俊这场大宴席相比，都是小巫见大巫。

在南宋词人周密所著的《武林旧事》里，我们还能看到这次著名宴会的流程和菜谱：流程就分为初坐、再坐、正坐、歇坐四轮。每一轮都有不同的菜肴，并且连同随行的各品大员，也都有各自专属的菜单。君臣每人一桌，并且桌桌不一样，桌桌不简单。酒水除外，菜品种类多达一百八十余种。这样的排场当真是惊世骇俗。

后来金庸先生的《射雕英雄传》里，黄蓉带着郭靖吃饭的派头，以及所点的什么“四干果、四鲜果、两咸酸、四蜜饯”也都是取意于张俊这顿宴席。比如最后四蜜饯里的“梨肉好郎君”便是改编自张俊宴席中的“荔枝好郎君”。

尽管张俊奢靡至此，高宗赵构却仍旧表示满意、放心和支持。张俊越是贪财，高宗越是放心。这大概也成了两人彼此心照不宣的默契。这也有点像当初秦皇之于王翦、汉祖之于萧何的故事，君王通过容忍臣子的某些缺点来达到平衡和掌控的目的。

另外值得注意的是，张俊这种明面上的奢靡和骄横之中，同样藏着许多小心翼翼。他既要紧跟赵构，同时也要讨好秦桧。哪怕是赵构来他府上吃饭，他也要掐算时间，生怕赵构在他府上待的时间比在秦桧府上还长，引发秦桧的猜疑和忌惮。

可以说张俊有多谨小慎微，岳飞就有多大意颟顸，两人在做官上、在政治上，实在是鲜明的对比。

绍兴二十四年（1154 年）七月，一生都在为赵构的利益而斗争的富家翁张俊在家正常去世。赵构在秦桧面前给予张俊高度评价，同时也不忘贬低韩世忠："武臣中无如张俊者，比韩世忠相去万万。"随后另加嘱咐："赠典宜令有司检讨祖宗故事，务从优厚。"

有了高宗这样的批示后，张俊有了一场风风光光、显赫至极的葬礼。朝廷为此罢朝三日，并赐予他一品官员的敛服。高宗赵构甚至一时动了真情，想到张俊这一生对他的各种付出，当即洒泪灵前，追封他为循王，谥号"忠烈"。

此外值得一提的是，有个小插曲是"及张俊殁，其房地宅缗日二百千，其家献于国，桧尽得之"。如此富豪的张俊一家，最终也为秦桧做了嫁衣。

作为皇帝赵构的亲信，张俊的一生可谓是积极奋斗、结局圆满的。他对皇帝有着近乎绝对的忠诚，曾在危急之秋三次拥立、解救、保护皇帝，又在相对太平之际帮助皇帝解决了包括自己在内的所谓“三大武将拥兵自重”的重大问题。最终功成身退，富贵一时，在当时可谓善终。

可作为一个有血有肉独立的人来讲，张俊尽管也有一定的道德观念、是非原则，但是并不多。就像他之前也能欣赏和提携岳飞，可一旦触及自身利益或高宗的命令，就心胸与气度不再，节操和底线全无，转而见风使舵，趋利避害，不留余力地攻讦一切可攻击、能攻击的对象。

当他率先对岳飞发难，最终造成那桩“天下冤之，闻者流涕”——堪称南宋史上最大的冤案时，不论他生前如何富贵，皇帝何等器重，历史洪流和世道人心终将他推到他应得的位置。

比如而今的张俊，就以铜像之身跪在河南汤阴的岳飞庙前，与岳飞形成了鲜明的对比：“蓬头垢面跪当前，想想当年宰相；端冕垂旒临座上，看看今日将军。”

《迎銮图》（局部） 绢本设色 上海博物馆藏

南宋与金在 1141 年订立“绍兴和议”，南宋向金称臣，宋高宗希望把母亲和宋徽宗的遗体接回，为了表示议和的“诚意”，答应金杀岳飞。这一年农历十二月末（1142 年 1 月 27 日），赵构和秦桧以“莫须有”的罪名杀害岳飞，其子岳云、部将张宪于临安（今杭州）闹市被斩首。“绍兴和议”立刻实现，金把宋徽宗的灵柩、高宗生母韦氏送回南宋。《迎銮图》描述了南宋绍兴十二年（1142 年）曹勋奉高宗赵构旨意，到金朝接徽宗赵佶的棺柩及赵构生母韦太后南归的情景。画面上绘有归宋的太后銮驾，迎銮的宋朝官员，以及夹道驻足观看的宋朝百姓，象征着南宋与金朝之间的和平关系得以恢复。

刺杀秦桧

——宋朝人眼中的一场闹剧

一

南宋绍兴二十年（1150年）正月的一天，临安城内发生了一起震惊朝野的行刺事件，刺杀的目标竟然是当朝宰相——秦桧。

据《宋史·秦桧传》记载：“（绍兴）二十年正月，桧趋朝，殿司小校施全刺桧不中，磔[①]于市。自是每出，列五十兵持长梃[②]以自卫。”刺客是个名叫施全的殿前司小校，甚至可能连官阶都没有，《宋史·高宗本纪》里只说施全是殿前司军士。这起刺杀事件也没成功，施全被当场抓获，没多久就被裂杀于市了，此后秦桧加强了安保措施。

但因刺杀对象是秦桧，这起刺杀事件在历史上赫赫有名，《宋史》《三朝北盟会编》等许多史料中都提到了施全的大名，并记载了刺杀事件的过程。但遗憾的是，这些史料大都未曾提及施全刺杀秦桧的动机，

① 磔（zhé），把肢体分裂，古代的一种酷刑。
② 长梃（tǐng），一种棍棒类武器。梃，杖。

以至于很多传闻附会里，把“施全刺秦”描述成是一名忠肝义胆的岳家军旧部，为岳元帅报仇的浪漫热血故事。

但历史并非小说演义，细究之后，我们发现“施全刺秦”不似演义中的浪漫，而是有着最真实的人性动机和现实考量。

最值得玩味的是，这场震惊朝野的刺杀事件过后，当时人们对施全的看法和反应，也许今天的人都能从其中找到相似的影子。

二

关于施全的身份问题，受民间传说、小说的影响，多年来一直流传施全的真实身份其实是岳家军的旧部，《说岳全传》里更是把施全描述成跟岳飞拜过把子的结义兄弟，是岳家军的高级将领。

听闻岳飞被害的消息后，他一路杀到金陵要手刃秦桧。但就在施全要下手的时候，岳飞英灵“现世”一把拉住了他，否则施全就取了秦桧狗命，为岳帅报仇了。也因此，施全成了名留千古的义士，并且还上了岳飞的“族谱”，汤阴县《岳飞庙志》就记载了钱塘人施全刺杀秦桧的全过程，并且还在岳飞庙对面建立了施公祠，以作纪念。

但施全多半跟岳家军没什么关系，更别说什么高级将领了。虽然有没有官阶不确定，但施全是一名殿前司军人没什么问题，《宋史》《建炎以来系年要录》等均有提及，有的说他是殿前司后军使，有的说他是殿前司小校，也有的说他是殿前司军士。

在宋代，殿前司归属禁军，由中央统辖，主要负责京师的安保、禁卫等工作，而且施全是杭州本地人，在京城禁军就近当差也是合乎情理的。

岳飞统率的岳家军则是神武副军，属于禁军分支，分戍地方，岳家军大部分时间是在黄河以北抗金，兵源以河北人为基础，后来又在各地招募、扩编、合并了不少地方部队，兵源较为复杂。在岳家军全盛的时候，正副统制有二十多名，如大家较熟悉的张宪、王贵、杨再兴等，但其中并未见到施全的名字。

施全刺杀秦桧的时间是绍兴二十年，而岳飞被害的时间则是绍兴十一年年底（即1142年初），这中间相隔了九年之久。施全要真是岳家军旧部，是岳飞的把兄弟，真想报仇，不可能等这么久，对不对？

所以施全的真实身份应当只是殿前司的一名普通军士，跟岳家军并无瓜葛。

三

那他为什么要刺杀秦桧呢？除了小说演义中流传的“为岳飞报仇”说法外，流传甚广的就是“大义”之说。

比如《续宋中兴编年资治通鉴》就提到“施全刺秦”是为了天下大义：“举天下皆欲杀虏人，汝独不肯，故我要杀汝。”也就是说施全是怪秦桧不抗金，《朱子语类》也认可这个说法，还给出了更为白话的讲法：

> 施全刺秦桧，或谓岳侯旧卒，非是。盖举世无忠义，这些正义忽然自他身上发出来。秦桧引问之曰：“你莫是心风否？”曰：“我不是心风。举天下都要去杀番人，你独不肯杀

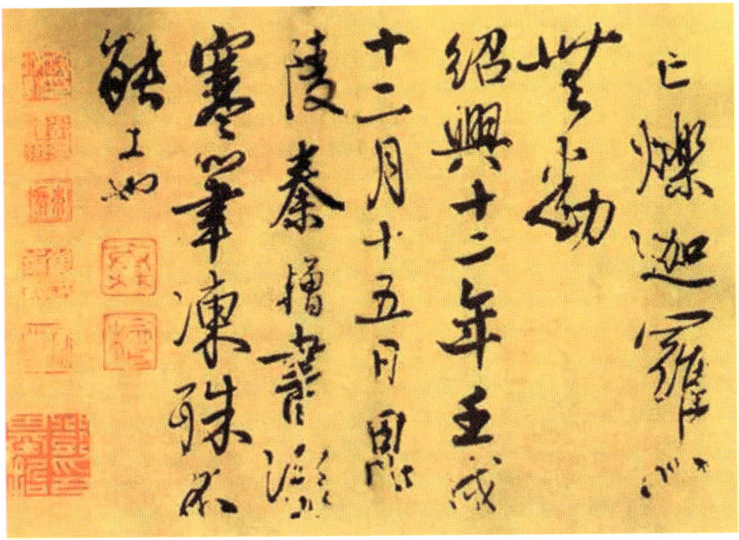

《偈语帖》【南宋】秦桧 纸本 楷书 北京故宫博物院藏

《偈语帖》是秦桧在南宋绍兴十二年（1142 年）所写，也被称为《深心帖》，是秦桧传世墨迹中的代表作品。就在这一年的年初，他以“莫须有”之名谋害岳飞，这一行为使他备受争议，成为历史上著名的奸臣之一。在书写此帖的前三个月，秦桧刚晋升为太师魏国公，此时正是他权势达到顶峰的时期，因此该帖体现出志得意满、飞扬跋扈之气，与秦桧当时的政治地位和心态是密切相关的。

番人，我便要杀你！”

朱熹说施全刺杀秦桧并不是因为他要给岳飞报仇，而是出于举世无双的忠义正气，“全天下的人都要杀金人，就你秦桧不肯，那我就杀你”。

因为秦桧不抵抗，所以就杀了他，施全的回答可谓充满了热血正义之感。

但这里面也存在疑问，秦桧的不抵抗政策、与金人达成“绍兴和议”是在绍兴十一年，也就是岳飞遇害前夕便已经跟金人达成了。施全要真是因为大义而刺杀秦桧，还是那句话：早干吗去了？议和政策已经过去了九年，你现在才想起来秦桧不抵抗？

四

那么“施全刺秦”的真实动机到底是什么呢？

《建炎以来系年要录》中提到一个说法，或许这才是最真实的人性动机：

> 自罢兵后，凡武臣陈乞差除恩赏，桧皆格之，积百千员，无一得者。客行朝饿且死者，岁不下数十。至是，全以所给微而累众，每牧马及招军，劳而有费，以此怨忿，遂潜携刃伺桧出，乞用兵因而鼓众作过，若不从，则害桧。

简单解释下，就是自从秦桧主导宋金和议后，“武”的方面就没有以前那么受重视了，朝廷不打仗，凡是武将请求调派差遣和恩赏的折子都被秦桧扣下了，累积下来有数百上千人，没有一人得到恩赏。而且主和派占上风，慢慢地，军人工资一再降低，饿死士兵的事件每年都不下数十起。

施全想着以前每次招兵牧马还有赏金，现在吃饭都成问题，所以越想越气，就铤而走险要刺杀秦桧。而且刺杀秦桧不是主要目的，主要目的是让他提高武人的地位和待遇，如何提高？打仗。如果秦桧不从，那就干掉他。

说白了，“施全刺秦”的原因很简单，就三个字：工资低！

刺秦既不是为了给岳飞报仇，也不是为了民族大义，纯纯就是因为经济问题。

五

这个说法未必就是全部真相，但应该说是比较符合常理的考量，在南宋初年，由于对金战争，军费连年上涨，《三朝北盟会编》里就提到：“凡财赋所入，未尝一毫妄费，悉用以养兵。”

朝廷的全部收入都用来养兵了，但即便如此，仍不足以满足需求，如绍兴五年，四川收取的钱物达 3060 余万缗，但支出却高达 4060 余万缗，赤字竟达整整 1000 万缗。

这种情况下，朝廷就允许军队自己创收挣钱，像韩世忠、岳飞、张俊的部队都有屯田、经商、放贷等业务，再加上朝廷的供养，各支军队其实是比较有钱的。

所以后来高宗要收回几位大将的兵权，一方面是出于对国家军队统一指挥的考虑，另一方面也是为了收回他们的财权。毕竟在战争时期，要鼓励军功，士兵的酬劳和奖励较高。

可一旦宋金和议，不打仗了，高宗第一件事就是整顿部队，收缩权力，包括军权、财权、人事权等。

同时还驳回军功、克扣奖励，限制部队自主经营，慢慢调整军人工资、裁员退伍等。

秦桧当时就上奏高宗说只给各类添差官一半的俸禄，添差官就是待安置的官员，也包含退伍、待安排的一些军官，但高宗说："诸将乍离军中，若请给减半，恐失所也。"意思是他们刚刚离开，现在就工资减半，恐怕有失，就没同意，但听听这个语气，现在刚离伍不宜减半，时间长一点了呢，他们稳定点了呢？是不是就可以减半了？

何况添差官还大小是个官，是一些军队将领，那么普通士卒的待遇逐年下降将是必然的。这里不讨论和议之后的对军政策到底孰对孰错，纯粹是从常理的角度来看，不打仗了，军人工资减少，施全说的"客行朝饿且死者，岁不下数十"，恐怕所言非虚。自然地，施全也就有了刺秦的作案动机，说白了，这就是一个普通士兵的"自杀式"讨薪。

历史很复杂，但人性从来都很简单，不打仗可以，但降薪不可以，也由此引发了震惊朝野的刺杀宰相事件。

六

比较耐人寻味的是施全被处死后老百姓的一些反应，陆游在《老学庵笔记》中记载了这么一段文字：

初，斩全于市，观者甚众，中有一人，朗言曰："此不了

事汉，不斩何为！”闻者皆笑。

施全被斩当天，很多人都来观看，有一个人就喊了一句：“这么个‘不了事’的人，不斩他斩谁？活该。”

“不了事”何意？不懂事，也就是大家常说的浑人、二货。

当然，这个评价未必就没一点道理，比如施全不知道即使刺杀了秦桧也难改变朝廷的和议政策吗？还白白搭进一条性命，从这点来看，他确实“不了事”。

但这句“闻者皆笑”，似乎也显露出一个问题。印象里，秦桧奉行不抵抗政策，冤杀岳元帅，签订丧权辱国的条约，大宋百姓人人得而诛之，就像《三国演义》里骂曹操的话，恨不得食其肉、寝其皮……但如今有人刺杀秦桧失败，百姓不是同情施全，反而是阵阵嘲笑，这说明当时人对秦桧似乎并不那么“痛恨”和“讨厌”。

这看起来有点不合常理，站在当时百姓的角度来看，秦桧丢的是大宋的领土，赔的是百姓的税金，害的是宋人的身家和性命，可这么多宋人居然只是围观看戏，到底谁是受害者啊？

大概只有两个原因能解释，当时的人们要么是不敢恨秦桧，要么是不知道恨秦桧。不敢恨的原因自然是秦桧耳目众多，爪牙遍布朝野。事实上，秦桧当政期间，大兴文字狱，管控言论，“置察事卒数百游市间，闻言其奸者，即送大理狱杀之”[①]。

每天有数百人在朝野内外当便衣，一旦发现有人非议宰相，立即

① 出自南宋史学家马端临《文献通考》：“秦桧自得政以来，动兴大狱，胁制天下。岳飞狱死，桧势焰愈炽。贤士大夫，时系诏狱，死、徙相继，天下冤之。又置察事卒数百游市间，闻言其奸者，即送大理狱杀之。”

捕杀，效果也很显著，朱熹就说："举朝无非秦之人！"长此以往，民间不知道恨秦桧就好理解了，"举朝无非秦之人"，而不了解朝廷政策、动向、内幕的民间就更无非秦之人了。

可以想象的是，当秦桧遭到刺杀时，作为刺客的施全自然被官方定性为胆敢刺杀宰相的狂徒、佞人。而作为"受害者"的秦桧，尤其是一个一贯被大书特书"为国为民"的宰相秦桧来说，他反倒成了看似委屈的一方，说不定还会被广大宋人百姓同情。

后人骂秦桧，恨秦桧，那是因为盖棺定论了，知道秦桧就是个大奸臣。然而，秦桧是忠是奸，是善是恶，作为时局里的老百姓，他们往往分辨不了，朝廷说秦桧是忠就是忠，是奸就是奸，朝廷说踩秦桧他们就踩秦桧，朝廷说捧秦桧他们就捧秦桧，他们大多不会去思考，也用不着思考。

回过头再看他们吐槽施全的那句"此不了事汉"，不也正是说他们自己吗？

忠奸难辨韩侂胄

——崇岳飞、贬秦桧的大奸臣

一

流光易逝，渐渐地，岳飞、秦桧、赵构等人成了历史，南宋王朝的年号已从“绍兴”变成了“嘉泰”，皇帝也从“高宗”变成了其重孙“宁宗”，距离岳飞之死也已过去了近六十年。

南宋嘉泰四年（1204 年），此时掌握朝政大权的“师王”韩侂胄和皇帝宋宁宗二人正踌躇满志，一心筹备北伐金国。

此一时彼一时，如今金国背后出现强敌蒙古，连年征战导致士兵疲敝，国库日渐空虚，被认为是“必乱必亡”。而南宋多年维持稳定，一方面积蓄了相当的力量，另一方面南宋朝野的北伐氛围始终浓厚，“恢复之议兴”。韩侂胄认为这是恢复的良机。

在正式北伐之前，韩侂胄决定先干一件大事，就是崇岳贬秦，即：正式为岳飞平反，并贬抑秦桧。

此前，虽然为岳飞平冤昭雪的事件时有发生，但彻底否定秦桧却是前所未有。比如宁宗之前的孝宗初年，绍兴三十二年（1162 年）孝宗赵昚即位后，便降旨“追复岳飞元官，以礼改葬”，并“访求其后，特与录用”，使冤狱得以平反。

随后淳熙四年（1177 年），孝宗又令太常寺为岳飞拟定谥号，初拟“忠愍”。直到次年（1178 年），才最终确定为我们大家熟知的“武穆”。

但耐人寻味的是，尽管岳飞不断得到平反和追封，秦桧却未受到否定，其“申王”的爵谥和“忠献”的谥号一直保留。那几十年间，南宋出现了秦、岳二人并存，都戴大红花的诡异局面。

下决心一脚踹翻秦桧的正是韩侂胄。在他的主导下，岳飞被正式追封为“鄂王”，追赠“太师”。秦桧则被削去“申王”之爵，其谥号“忠献”也被改为“谬丑”。谬丑的含义，即：伤人蔽贤曰谬，武功不成曰谬，名实过爽曰谬；怙威肆行曰丑[①]。

这是南宋官方第一次正式将秦桧彻底否定，并将其定性为误国误民的奸臣。一时间可谓大快人心，朝野上下赞誉纷纷，韩侂胄本人的声望也随之水涨船高，乃至得到辛弃疾、陆游等一批著名抗金派士人的拥护，纷纷作诗文对其进行称誉，甚至投身为其下属，为其效力。

此刻，身处巨大光环之中的韩侂胄绝对想不到，仅仅三年之后，这一切就会全盘倒转，自己会身死名裂，被打成和自己亲手推倒的秦桧一样的大奸臣。

---

① 《逸周书·谥法解》中写道：“名与实爽曰缪，伤人蔽贤曰缪，蔽仁伤善曰缪。怙威肆行曰丑。”又蔡邕《独断》提道：“名实过爽曰缪。”“缪”和“谬”在这里相通。

接下来我们一起看看这场既戏谑又狰狞的大型闹剧是如何上演的。

二

韩侂胄，字节夫，相州安阳（今属河南）人，家世相当显赫。韩侂胄的曾祖父是有“相三朝，立二帝，厥功大矣”之誉的北宋名相韩琦；祖母是唐国长公主，为宋神宗之女；母亲吴氏是宋高宗吴皇后的妹妹。也就是说，韩侂胄不仅是功臣名相之后，还是外戚世家之子。这使得他在仕途上相当顺利，很快就走上了权力的最中心。

进入权力中心的韩侂胄热衷于北伐，一方面是因为自靖康之耻以来，整个社会上一直弥漫着北伐中原、收复失地的热烈氛围；另一方面是因为韩侂胄希望获得战功来巩固权力和威望，能更上一层楼，“立盖世功名以自固”。

就在嘉泰四年韩侂胄开始了“崇岳贬秦”之后，朝野上下响应积极。词人刘过写下了著名的《西江月》：

堂上谋臣尊俎，边头将士干戈。天时地利与人和，“燕可伐欤？”曰：“可。”

今日楼台鼎鼐，明年带砺山河。大家齐唱《大风歌》，不日四方来贺。

在刘过看来，现在就是出兵北伐的最佳时机，是天时地利人和三者兼备，他举双手支持。

此时最有代表性的还不是刘过，而是辛弃疾。这位被朝廷闲置许久，已六十多岁高龄的老将也再度出山，积极接受韩侂胄的任命。他先是知绍兴府兼浙东安抚使，后又知镇江府，获赐金带。这让“廉颇老矣”的辛弃疾相当振奋。

接着很快就到了1205年，宋宁宗改元为“开禧”，是为开禧元年。“开禧”这个年号很有意思，是取当初宋太祖“开宝”年号和宋真宗“天禧”年号的头尾两字，以示恢复之志。

正是这一年，新科进士毛自知在最后的殿试对策时，因慷慨表示“当乘机以定中原”，被宋宁宗钦定为进士第一名，得中状元，从中足见朝廷的北伐之心。韩侂胄也被宋宁宗拜为平章军国事。在北宋，名臣文彦博被授予过平章军国重事、吕公著被授予过同平章军国事，其身份和头衔固然尊贵，但实权还是掌握在宰相手里。

此时的韩侂胄被拜为平章军国事，其含义是“政事无所不关”，相当于是集军政大权于一身。

当时就有人感叹：“侂胄系衔，比申公（吕公著）省‘同’字，则其礼尤尊；比潞公（文彦博）省‘重’字，则其所与广。”意思是说韩侂胄的官职名称虽然比当初吕公著、文彦博的分别少了一个字，但其地位和权力却是加倍增长了，不是宰相，更胜宰相。

如此总揽军政大权的韩侂胄，也在为北伐积极做准备。一方面机密地筹备出兵方案，一方面则准备好了万两库金作为军需。

韩侂胄的战略规划是三路出击。东路以邓友龙为两淮宣谕使，由两淮进军京东地区；中路以薛叔似为京西、湖北宣谕使，由荆襄进军京西地区；西路则以程松为四川制置使，吴曦为副使，由汉中进军陕西。

《八相图》之韩琦像　北京故宫博物院藏

韩侂胄（1152—1207）是北宋名将韩琦的曾孙，字节夫，相州安阳人，南宋权相，主张北伐，崇敬岳飞，却被《宋史》列入《奸臣传》，名字与秦桧并列。韩琦与范仲淹共同防御西夏，功勋卓著，时称“韩范”，谥号“忠献”。韩侂胄受到曾祖父韩琦的影响，对收复失地、恢复中原有强烈的愿望和决心。

当整个朝廷都在热火朝天地筹备北伐时，也有人认为时机尚不成熟，不应出兵，比如叶适。与狂热的韩侂胄不同，叶适相当冷静，他认为北伐准备不够，应该先“修实政，行实德”，抓紧练兵并解决赋税问题，自身强大了，自然可以必胜不败。但韩侂胄不听。

于是叶适又上书宋宁宗，表示北伐应当“诚宜深谋熟虑”，应当“备成而后动，守定而后战”，现在出兵是“至险至危”。但宋宁宗此刻和韩侂胄一样狂热上头，同样也听不进去，反而改授叶适为权工部侍郎，让他一边凉快去了。

但韩侂胄还是想争取叶适为北伐效力，于是又改任叶适为权吏部侍郎兼直学士院，请叶适起草北伐的出师诏鼓舞人心，然而叶适始终推辞不就。

除了叶适，还有武学生华岳。华岳所提出的不同意见比叶适还要详细：“将帅庸愚，军民怨怼；马政不讲，骑士不熟；豪杰不出，英雄不收；馈粮不丰，形便不固；山砦不修，堡垒不设。”如此一来，就只能是“师出无功，不战自败”。

更夸张的是，华岳不仅敢于上书朝廷“乞斩侂胄……以谢天下”，还写诗大骂韩侂胄是王莽、安禄山：

君家勋业在盘盂，莫把头颅问镯镂。

汉地不埋王莽骨，唐天难庇禄山躯。

这让韩侂胄异常恼怒，将华岳“羁管建宁”，迅速地将反对的声音镇压下去。

华岳也好，叶适也罢，眼下谁也阻挡不了韩侂胄和宋宁宗北伐的决心。

开禧二年（1206 年）四月，在韩侂胄的密令下，殿前副都指挥使兼山东、京、洛招抚使的郭倪一部最先抵达战场，正式揭开了北伐的序幕，且战绩相当不错。郭倪常以诸葛亮自许，此人号称是“议论自负，莫敢撄者”，其军事能力其实很一般。但好在他麾下有一员异常杰出的猛将，这个猛将就是毕再遇。

此时已经六十岁高龄的老将毕再遇，带着八十七人奇袭泗州城，在杀敌数百人后，率先登上城门，举起大旗威风凛凛地大呼：“大宋毕将军在此，尔等中原遗民也，可速降。”敌军纷纷投降。

一时间，北伐大军接连拿下泗州、新息县、褒信县、虹县等地界，形势大好。眼见这般大捷，宋宁宗正式撕毁和约，下诏伐金，由韩侂胄统一调度指挥，著名的“开禧北伐”浩浩荡荡地开始了。

因此前叶适不愿起草，伐金诏书由直学院士李壁执笔，写出来的句子相当振奋人心：

天道好还，盖中国有必伸之理；人心助顺，虽匹夫无不报之仇。……兵出有名，师直为壮。……言乎远，言乎迩，孰无忠义之心？为人子，为人臣，当念祖宗之愤。[1]

诏书颁布后，朝野沸腾，八十岁的陆游马上写了一首《老马行》，呐喊着自己还能上战场，收复故土：

中原蝗旱胡运衰，王师北伐方传诏。

① 出自《两朝纲目备要》，李壁在《宋史》中写作李璧。

一闻战鼓意气生，犹能为国平燕赵。

淮西一线能够取得如此举国欢庆的战果，一方面固然是因为将士用命，同时也因为南宋“战而后宣”，突然出兵，打得金人措手不及。

但令人意想不到的是，被韩侂胄同样寄予厚望并委以重任的西路主帅、四川的吴曦，却叛变了。

身为四川宣抚副使的吴曦，想趁机为自己谋求最大利益，意图割据一方做蜀王，便主动暗通金朝，“求封为蜀王”。因为吴曦的叛变，让没有西顾之患的金国缓了一口气，得以集中兵力到东线作战。这时候，郭倪等北伐主力开始受挫，进攻宿州被打败。只有毕再遇一军，还能继续推进。

这样刚打一个月，开禧二年六月，韩侂胄就因后续出兵无功，罢免了指挥军事的苏师旦和邓友龙，改任丘崈为两淮宣抚使、叶适为知建康府兼沿江制置使。对于这次临危受命，叶适没有拒绝，积极抵御金兵。

丘崈一受命上任，就不得不放弃此前毕再遇等人刚占领的泗州，选择退守盱眙，这等于是以放弃土地来保全淮东的兵力。

接着金军更是分九道进兵，使得整个战争形势急剧变化，很快从“宋军北伐”转变为“金军南侵”，一时间真州、扬州、皂郊相继被金军占领，其中皂郊一战很是惨痛，“金人破皂郊”，宋军五万人战死，这让韩侂胄的压力倍增。

打到开禧二年年底时，韩侂胄感觉打不动了，就派丘崈秘密遣使与金军议和，想要暂时停战。

金人开出的求和条件有三项：称臣、割地和献首谋之臣。

前两个条件南宋朝廷早已见怪不怪了，所以重点落在第三项“献首谋之臣”，即献出韩侂胄。丘崈为了完成和议，便向金朝提出了折中的方案，表示将韩侂胄“暂免系衔”。

这让韩侂胄大怒，直接罢免了丘崈，又自捐家财二十万为军资，要同金人继续死磕。如此一来，西线四川吴曦的态度和决策变得更加重要。吴曦接受金人册封为蜀王的消息传出后，韩侂胄和宋宁宗既感到手足无措，又昏招频出。有人建议既然吴曦想当蜀王，不如乘机封他为蜀王，韩侂胄还真采纳了，给了吴曦更多的准备时间。

幸运的是，吴曦的反叛相当不得人心，被吴曦特别重用为丞相长史的安丙就果断背刺吴曦，表示：“若诛此贼，虽死为忠鬼，夫复何恨！”最终成功杀死吴曦。这时离吴曦自称蜀王，不过四十天。

尽管吴曦的叛乱最终得到解决，但南宋的整个战局也被严重拖垮，回天无力。

侥幸的是，金国内部自身也存在诸多问题，加上吴曦败亡，让金朝大为沮丧。金章宗本人的态度就很典型，他表示：“朕非好大喜功，务要宁静内外。”言外之意是能不打就不打了吧。

于是轰轰烈烈的“开禧北伐”就此落下帷幕，因宋金两方都有意停战，重新进行和谈。

三

开禧三年（1207 年）四月，压力极大的韩侂胄派方信孺主动前往金营求和。

金朝此时也正值内忧外患，一方面自身经济不振，另一方面担忧劲敌蒙古，使得金朝无力维持这架消耗巨大的战争机器。金朝的想法是，最好能不战而屈人之兵，最大限度地对宋朝实行威胁和讹诈。

这次，金人提出了五个条件：割让两淮；增加岁币；提供犒军的金帛；归还在南方的北方人；以及将首谋韩侂胄缚送金朝。

最后这个条件，让本想议和的韩侂胄再一次恼怒，决定再战，并且想着起用辛弃疾为枢密院都承旨来指挥军事，可惜这时候六十八岁的辛弃疾还没起身赴任，就在家中病逝。于是韩侂胄起用殿前副都指挥使赵淳为江、淮制置使，同金人死磕。

韩侂胄没能察觉到的是，此时不仅是金朝南侵无力，南宋军民对于北伐的热情也消磨殆尽，苦不堪言。自北伐以来，蜀口、汉、淮等重要作战区域的百姓死于战祸的人数“不可胜计”，大家见韩侂胄仍然“意犹未已”，不由得“中外忧惧”。

朝廷内部的形势也对韩侂胄颇为不利。韩侂胄能够崛起，是因为其外戚身份。此时，韩侂胄曾经最大的两道屏障——姨母宋高宗吴皇后、侄孙女宋宁宗韩皇后已先后去世。

韩皇后去世之后，在皇后的选立问题上，有两位候选人，一位是杨贵妃，一位是曹美人。这两人中，前者“任权术”，后者“性柔顺”，韩侂胄当然想支持性格更柔和的曹美人，但结果却是杨贵妃胜出，成为杨皇后。

胜利的杨皇后相当忌恨韩侂胄，于是后宫这个韩侂胄曾经的最大助力，悄然变成了最大威胁。韩侂胄本人相当颟顸，没有给予丝毫重视。

现在“开禧北伐”战败，杨皇后迅速拉拢了一批同样不满韩侂胄的主和派官员，其中以史弥远为代表。史弥远是孝宗时期宰相史浩的儿子，人脉广，名声大，相当有实力。当初，韩侂胄麾下的得力助手丞相京镗就曾屏退左右，对史弥远表示：“君他日功名事业过镗远甚，愿以子孙为托。”他对史弥远相当看好。

韩侂胄本人也很看好并重用史弥远。在不到两年的时间内就对史弥远多次提拔和封赏，不仅先将史弥远封为男爵，后将其升为礼部侍郎兼刑部侍郎的三品大员。史弥远如此迅速地一升再升，其政治野心也同样急剧膨胀。

如今“开禧北伐”战败，韩侂胄此前积累的威望空前受挫，这给了史弥远取代韩侂胄的机会。

史弥远一开始采用的办法是自己躲在幕后，让其他人向宋宁宗上奏，表示韩侂胄如此兴兵“将不利于社稷”，又让杨皇后从旁助攻，吹枕边风。但宋宁宗的态度却是不置可否，“不答”，结果不了了之。毕竟北伐这件事，也是宋宁宗本人想干且大力支持的。

这让史弥远清醒地认识到，只能绕过宋宁宗，直接和杨皇后暗中扳倒韩侂胄。史弥远和杨皇后决定伪造宋宁宗的御批密旨来收拾韩侂胄。参知政事钱象祖、李壁本是韩侂胄的党羽，但在见到伪造的密旨之后信以为真，顿时审时度势，及时地跳到史弥远阵营，密谋如何对韩侂胄反戈一击。

尽管史弥远等“其议甚秘，人无知者”，但还是有风声传了出去，甚至韩侂胄本人都隐隐有所察觉。

宋宁宗坐像　绢本设色　台北故宫博物院藏

宋宁宗赵扩（1168—1224）是南宋第四位皇帝，宋光宗赵惇与李皇后的次子，经由宫廷政变继位，因宋光宗拒绝主持宋孝宗的丧礼，赵汝愚等朝臣通过外戚韩侂胄，获得韩侂胄的姨妈太皇太后吴氏（宋高宗之妻吴皇后）支持，逼迫宋光宗让位给赵扩，因此韩侂胄深得宋宁宗的依赖和信任。

有次韩侂胄问李壁说："闻有人欲变局面，相公知否？"早已暗中叛变的李壁吓得"面发赤"，但嘴上还是镇定地糊弄韩侂胄："恐无此事。"尽管韩侂胄当时不再多疑，就此放心，但李壁还是谨慎地认为应当尽快行动。

另外一位著作郎王居安则没有这般谨小慎微，甚至颇为张狂地对人透露："数日之后，耳目当一新矣。"这使得此前"甚密"的谋划，一下子四处涌动。

史弥远知道消息暴露之后，"闻之大惧"，慌得不行。他同循王张俊的曾孙、前右司郎官张镃讨论，张镃就表示："势必不两立，不如杀之。"这令史弥远冷静下来，当即坚定了自己的决心，拍板表示："君真将种也，吾计决矣。"随后史弥远就将如何诛杀韩侂胄的方案呈报给了杨皇后，杨皇后欣然同意。

开禧三年（1207 年）十一月初二，是韩侂胄三夫人的生日。韩侂胄还在大宴宾客，"酣饮至五鼓"，其间周筠来告诉史弥远等人的阴谋，这时候已经喝酒的韩侂胄很不以为意地笑骂："这汉又来胡说。"

等到第二天，也就是十一月初三，周筠又来汇报。此刻韩侂胄尽管已酒醒，却完全没有意识到问题的严重性，反而又把周筠骂了一顿，连连怒喝："谁敢？谁敢？"随后就像往常一样，乘车上朝。

韩侂胄行至六部桥时，早已埋伏多时的中军统制、权管殿前司公事夏震带着三百士兵拦住韩侂胄，韩侂胄便疑惑地问："何故？"夏震答："有旨，太师罢平章事，日下出国门。"

韩侂胄依旧没意识到危险来临，反问："有旨，吾为何不知？必伪也。"夏震麾下的士兵不再答话，当即"拥其轿以出"，将其拉到了一旁的玉津园内，一代权相就这样被“挝杀之”。

另一边等待消息的史弥远等人相当紧张，史弥远本人都是“欲易衣逃去”。过一阵子，听到路上有人“传呼太师来”，所有人都吓得战战兢兢。直至夏震亲自赶回来表示“已了事矣”，史弥远等才松了一口气。

得知这一消息的皇帝宋宁宗都蒙了，甚至这个事都过了三天，宋宁宗还不相信韩侂胄就这样死了。而这时候史弥远等人则抓紧扩大战果，将韩侂胄的党羽及时清除，苏师旦被处斩、周筠被刺配岭南，等等。

但此刻最关键也最棘手的问题是，死去的韩侂胄到底该怎么处理？毕竟金人开出的议和条件，其中一条就是要韩侂胄的脑袋。

韩侂胄这一死，就像是打开了潘多拉魔盒，人心深处的恶，通通都被释放出来。

四

要不要将韩侂胄的脑袋送给金人？南宋朝廷分裂成了两派，一派认为必须得送，一派认为坚决不能送。

翰林学士、后来迁吏部尚书兼翰林侍讲的楼钥，就认为和议的进程需要等待这事的决定，既然韩侂胄这样的“奸凶”已经死了，我们“又何足恤”呢？另一派则认为不妥，其代表是侍左郎官兼太子舍人王介，王介认为：韩侂胄的首级当然不足惜，但“国体为可惜”。

王介按这个逻辑继续延展，表示：“今日敌要韩首，固不足惜。明

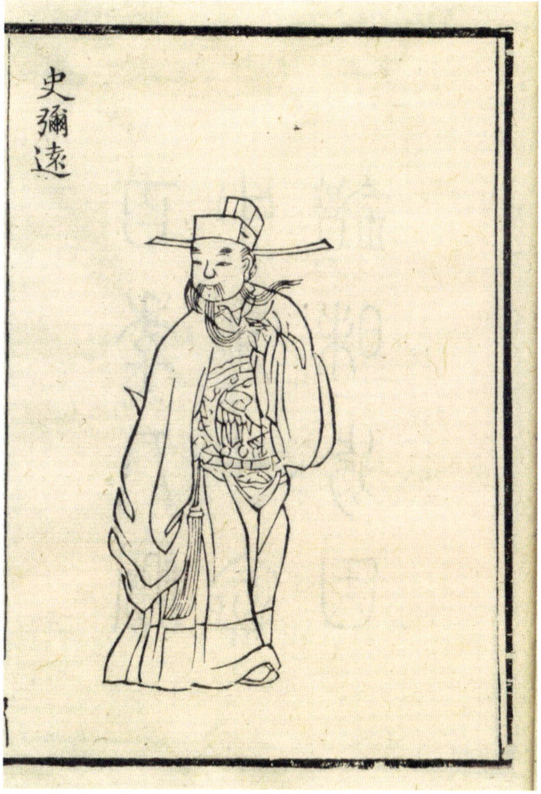

史弥远像 收录于《西湖人物图卷》

史弥远（1164—1233）是南宋中期的权相，字同叔，鄞县（今浙江省宁波市鄞州区）人，尚书右仆射史浩之子，进士出身，得到宰相韩侂胄的赏识而升官，趁韩侂胄的“开禧北伐”失败，与杨皇后等密谋杀韩侂胄，并函其首送金求和，之后升任右丞相兼枢密使。

日敌要吾辈首，亦不足惜耶？”

此言一出，众人吓了一跳，不敢再辩。直到兵部尚书倪思站出来，干脆跳过不答，表示：“一侂胄臭头颅，何必诸公争？”大家这才纷纷跟进，普遍认为“与其亡国，宁若辱国”，耻辱就耻辱吧。宋宁宗只得同意将韩侂胄“函首以献”。

这一最终决定，让后人各种评说。宋人罗大经说，这好比一家子，祖父被人杀了，田宅被人吞并了，有一狂仆辅佐主子报仇，但因谋划不当，没能成功，却将罪过全推给这仆人，并将仆人送给仇人消气，这难道是可以的吗？

明人于慎行认为韩侂胄主动北伐并失败，失误当然是有的，“误则有之”，但韩侂胄对于国家是没有罪的，“其于国非罪也”。南宋诛杀自家北伐的主事人，还将主事人的脑袋给敌人送过去，从此以后，谁还敢为国家尽心尽力、任劳任怨呢？

这都是站在国家、站在公义的角度思考问题，明确表示“函首以献”显然是既打了自己的脸，又寒了国人的心。但当时的南宋朝廷，显然已经是顾不上这些了。

将韩侂胄开棺分尸的现场相当凄惨，韩侂胄的首级被割去之后，身子“用芦束缚，浅土瘗于其母魏国夫人墓旁”。过程相当草率，以至于后来有人路过这里，还能“见其尸体，尚半露于外”。诗人刘淮（字叔通）在《咏韩家府》一诗里，就感慨这一幕：“主人飞头去和虏，绿户玄墙锁风雨。”

至此，金人开出的五项议和条件，南宋朝廷全部答应。除此之外，宋以侄事伯父之礼事金，也就是说宋朝皇帝与金朝皇帝的称谓由以前的侄叔改变为侄伯。这一屈辱的和议，是为“嘉定和议”。

对此，“开禧北伐”战前备受韩侂胄打压的武学生华岳又站出来写下《和戎》一诗说：

纳币求成事已非，可堪函首献戎墀。

一天共戴心非石，九地皆涂血尚泥。

反汉须知为晁错，成秦恐不在於期。

和戎自有和戎策，却恐诸公未必知。

为了国家的利益和安全，华岳曾经将韩侂胄痛批为王莽、安禄山；这一次，为了国家的尊严和脸面，华岳却将韩侂胄比作既忠心又冤枉的晁错、樊於期，坚决认为不能将韩侂胄的首级送给金人。

华岳前后两次 180 度大转弯的评论，后来颇受好评。清人王士祯就称赞华岳“不肯附和浮议”，清醒刚直，是一流人物。然则风向已变，小小华岳改变不了什么，不但对金乞和成为新的路线，就连对岳飞和秦桧的评价也要再一次翻转。

嘉定元年（1208 年）三月，史弥远刚刚掌权，就恢复了秦桧的申王爵位及“忠献”谥号。定下大的基调之后，一场给死鬼韩侂胄罗织罪名的大戏开始上演，群臣花样百出，一时间仿佛所有坏事都是韩侂胄一个人干的。

御史中丞雷孝友，此前本是韩党，此时背刺韩侂胄最为用力。他在韩侂胄“兴兵祸国”的基础上，又表示韩侂胄更有“不臣僭越之心”，并列举了十条“无君之心有如此十事”的罪状，甚至包括与此前造反的吴曦互相勾结。

更离谱的是，连蝗灾、日食、太阳黑子等自然现象，也被归咎于韩侂胄。

嘉定元年，有大面积的蝗灾出现，韩侂胄人都死了一年，头都送到金朝去了，另外一位前“韩党”钱象祖却一口咬定罪在韩侂胄，称“蝗虫四起，国多邪人”，归根到底还是怪韩侂胄“轻妄开边”。

嘉定三年（1210年），淮东地区盗贼横行，也怪上了韩侂胄，被地方上总结为“盗贼作过，皆缘权臣妄开兵衅”。这种甩锅多到连部分大臣都看不下去了，当初在“送头颅”事件中和稀泥的倪思都表示“不可诿之用兵遗孽”，而要“求弭灾之实”。

其中以马端临的《文献通考》记得最为详细。什么“地生毛”“行都雨木”“日食”“山移”“冬燠无雪”“日生黑子”“木星顺行入鬼宿”等自然现象，也都是韩侂胄搞出来的。

同时，各种挖苦韩侂胄的段子也层出不穷，如“犬吠村庄”“大寒小寒”“假杨国忠”“冷底吃一盏”等。比如“犬吠村庄”，称韩侂胄与众人在南园饮酒，感叹这里好虽好，可惜没有鸡犬之声，然后臣下赵师罿赶紧在一旁学狗叫，令韩侂胄非常高兴。这个故事实在太火，搞得后来的南宋遗民们都纷纷写诗痛骂，如“向日相传谁学吠，村庄毕竟出沽帘”“鼎贵安知此中意，徒能学犬吠村庄”等。

南宋词人周密曾对以上各种段子详细辨伪，得出的结论是“身陨之后，众恶归焉；然其间是非，亦未尽然”，认为这些段子大多不实。然而辨伪、辟谣的力度永远跟不上恶作剧段子传播的速度，被归在韩侂胄头上的劣迹越来越多，他的名声越来越臭。

乃至于当初支持过韩侂胄北伐的陆游、辛弃疾等诗人词人，也都被视作“晚节不保”，并受到牵连。辛弃疾被追削官职。《宋史》批评陆游说：“晚年再出，为韩侂胄撰《南园记》《阅古泉记》[①]，见讥清议。”意思很简单，你怎么能和韩侂胄玩呢？还有曾明确反对过韩侂胄北伐的叶适，只不过后来不肯落井下石而为韩说了几句公道话，就被扣上一个“附韩侂胄用兵”的帽子，被夺去了官职。

五

有意思的是，面对同一个韩侂胄，金朝给出的是截然相反的评论。

金朝在得到韩侂胄首级的时候，给韩侂胄的定论是“忠缪”，即“忠于为国，缪于为身”。在金人眼里，韩侂胄是一位善于谋国，却不善谋身的大忠臣。还将韩侂胄的首级，郑重地安葬在其祖上韩琦墓旁，和南宋形成了极鲜明的对比。

相当尴尬的一幕是，南宋使者来到金朝时，金主特意“令引南使观忠缪侯墓”，并为南宋使者解释其中“忠于为国，缪于为身”的含义。

这让清代史学家钱大昕在韩琦、韩侂胄二人墓前凭吊时尤为感慨，一连写了四首《过安阳有感韩平原事》，其中有两句非常有意思。一句是带有结论性质的：

> 朝局是非堪齿冷，千秋公论在金人。

意思是说关于韩侂胄的相关历史评价，南宋这边是偏激的、促狭

① 《南园记》和《阅古泉记》是南宋诗人陆游应当朝权相韩侂胄之请，为其在西湖畔的两处私家园林——位于南屏山东南麓的南园以及吴山的阅古园所撰写的两篇叙景散文。

的，而金人的评论才是客观的、公正的。另一句则是颇为疑惑的：

如何一卷奸臣传，却漏吞舟史太师？

钱大昕特别想不开的是，韩侂胄被史弥远等打进了奸臣传，史弥远怎么就始终好好的，非但没进奸臣传，甚至还得到了和秦桧一样的“忠献”谥号？在打击异己上，史弥远比韩侂胄的手段更酷烈。当时人就说“一侂胄死，一侂胄生”。

如武学生华岳，他之前激烈反对韩侂胄北伐，并将其比拟为王莽、安禄山，上书请诛之，韩侂胄纵然十分恼怒，不过将华岳下狱。后来华岳“谋去丞相史弥远”，立即被处死，哪怕宋宁宗本人“欲生之”也无济于事，华岳仍被史弥远“杖死东市”，没有留下任何遗言。

逼死文天祥

——那些隐藏在历史背后的真假面孔

一

花落花开，花开花落，这一年是南宋景炎三年（1278 年）十二月，这个曾经让岳飞等拼命捍卫的南宋政权，已走过了一百五十年的沧桑岁月，终究是到了“日薄西山，气息奄奄”的垂危阶段。

此时，正在广东五坡岭匆忙吃饭的南宋丞相文天祥，被一路奔袭的元兵追上了。文天祥当即取出随身携带的毒药——二两冰片[①]，同时急喝凉水，只求速死。但结果却是“昏眩久之”又腹痛不止，未能速死。

明代医学家王纶有过解释：人欲死者吞之，为气散尽也。世人误以为寒，不知其辛散之性似乎凉尔。

① 冰片，一种中药材，具有开窍醒神、清热止痛等功效，但长期或过量食用，可能会引发中毒反应。

就是说，想通过冰片自杀，还是得喝热的。

就这样，自杀未果又被囚禁了七日的文天祥，被如狼似虎的元兵赶紧带回大营邀功。

自此，文天祥开始了他的求死之旅。

二

在这场别样的旅途上，第一位登场的是张弘范，他是蒙古汉军元帅。

文天祥见到他的那一刻，特别狼狈，双手被绑着，被人推到他跟前，磕头跪拜。

“我能死不能拜！”“我没什么好说的，请赐我一剑，让我速死。”

张弘范看着这样不屈请死的文天祥，一点也不生气。相反，他表现得很克制也很客气，始终以客礼对待文天祥。

等到崖山之战前夕，他想请文天祥来劝降还在顽强抵抗的张世杰。文天祥的回答是一首诗，也就是著名的《过零丁洋》：

辛苦遭逢起一经，干戈寥落四周星。
山河破碎风飘絮，身世浮沉雨打萍。
惶恐滩头说惶恐，零丁洋里叹零丁。
人生自古谁无死？留取丹心照汗青。

张弘范看完最后一句“人生自古谁无死？留取丹心照汗青”时，不由连连叹息道：“好人！好诗！”

很快，跟在张弘范身边的文天祥，目睹了大宋在崖山如何惨败。

文天祥画像 【清】叶衍兰绘

文天祥（1236—1283），初名云孙，字天祥，考中贡士后换以天祥为名，中状元后改字宋瑞，自号浮休道人，因住过文山，又号文山，江南西路吉州庐陵县（今江西省吉安市青原区富田镇）人，南宋末年政治家、文学家，与陆秀夫、张世杰并称为“宋末三杰”。

当十多万投海殉难的大宋军民的尸体密密麻麻、层层叠叠地漂浮于海时，心态直接崩溃的文天祥便时刻都在谋划如何跳海自杀。张弘范安排的看守警惕性极高，硬是没让文天祥成功跳海。

接着在张弘范大会诸将办庆功宴的时候，文天祥似乎感到自杀的机会来了。当副元帅庞钞儿赤起身对文天祥劝酒时，文天祥却并不行礼，惹得庞钞儿赤顿时破口大骂，文天祥跟着对骂，又一次请求速死。

与庞钞儿赤不同的是，主帅张弘范好言相劝，并且他对文天祥的评价极高："国亡，丞相忠孝尽矣，能改心以事宋者事皇上，将不失为宰相也。"

张弘范的意思很明确，倘若你能像事宋一样事大元，那么大元的相位，除了你文天祥外还有谁呢？

这一次，极刚强、极倔强的文天祥哭了："国亡不能救，为人臣者死有余罪，况敢逃其死而二其心乎。"文天祥的态度很坚决，我不能救国已是死罪，怎么还能有二心呢？

对此，张弘范更加佩服，将劝降的情景一一禀报给了大元皇帝忽必烈。看完奏疏的忽必烈，当即下旨命令将文天祥押送至京师，并且额外表示：谁家无忠臣，千万不可怠慢他。于是张弘范遣使护送文天祥去京师。文天祥计算得很清楚，一路北上时将会经过他的老家江西庐陵。他准备提前六天便开始绝食，这样在第七天的时候，他就可以正好死在老家。可没想到的是，哪怕绝食到了第八天的时候，他还是没死。就这样，文天祥决定重新恢复饮食，并最终到达了京师。

此后，已然完成送达使命的张弘范，哪怕到了自己临终前，都还念念不忘上书元朝皇帝忽必烈表示：文天祥是忠贞之士，南宋状元，生有奇才，不可杀之。

按理来讲，这样一个敌国俘虏，跟你张弘范非亲非故的，他的生死存亡、他的结局是好是坏，跟你又有什么关系呢？值得你这样去关心，甚至极力推荐吗？张弘范偏偏觉得很值。不得不说，这是一种超越了敌我、高低、贵贱的伟岸胸襟。大概连文天祥本人也没想到，这位原本俘虏他的最大仇敌，却成了最肯定他的知音。

当时大元皇帝忽必烈正极力搜求有才能的南宋官员，其中一位叫王积翁的南宋降臣就表示："在南人当中，就没有比得上文天祥的。"

于是到达京师的文天祥，首先遭遇的就是一众元朝大臣的轮番劝降。劝降名单很长，除了大元当朝宰相博罗、中书平章阿合马等大官之外，还有许许多多的南宋降臣。这里面，甚至还有以前的南宋德祐皇帝、现在的大元瀛国公赵㬎，但他们的劝降都没用。文天祥始终表示，唯有死而已。

在一众劝降的人员里，有一个人的身份也很特殊。诡异的是，他是由劝降而来，却行"杀祥"之事。这个人就是南宋叛相——留梦炎。

留梦炎过去的履历，和文天祥不无相似之处，他们都曾是南宋的状元丞相。留梦炎在淳祐四年（1244 年）考中进士第一，为甲辰科状元。此后一路高升，历任宗正少卿、秘阁修撰、福建提举、吏部右侍郎，累官至宣奉大夫、端明殿学士。等到德祐元年（1275 年）六月的时候，留梦炎更是官拜右丞相兼枢密使，并都督诸路军马。其权位之隆、委任之重，都是极为罕见的。

明人何乔新就进行过统计："宋以科目取士三百年间，以大魁登相位者七人而已。"而留梦炎，便是这七分之一。可以说，作为在整个

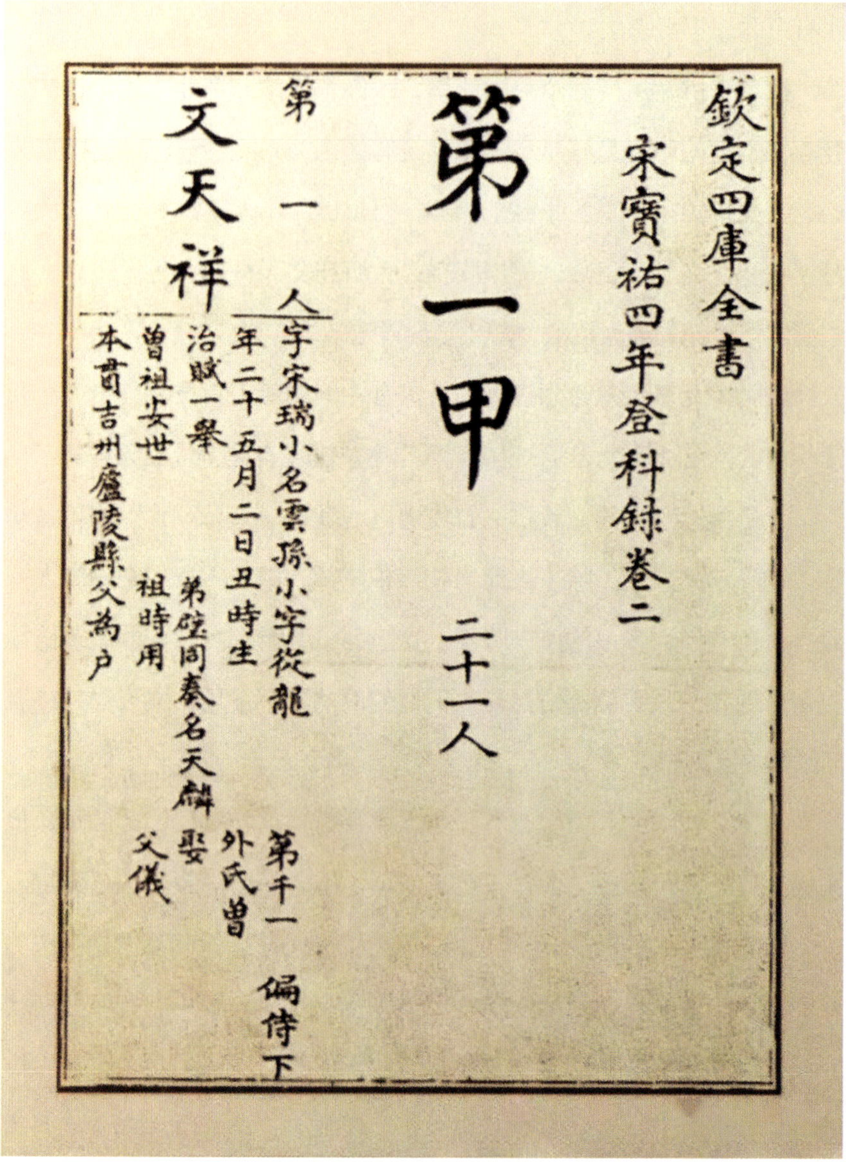
欽定四庫全書
宋寶祐四年登科録卷二
第一甲　二十一人
第一人
字宋瑞小名雲孫小字從龍
年二十五月二日丑時生
外氏曾
第千一
偏侍下
文天祥
治賦一舉
弟璧同奏名天麟
娶
曾祖安世
祖時用
父儀
本貫吉州廬陵縣父為戶

文天祥状元及第　出自《钦定四库全书》之登科录

宝祐四年（1256 年），20 岁左右的文天祥参加科举考试，他的殿试对策卷以“法天不息”为题，批评当时的政治和社会现状欠缺道义，表达对道义的坚持，震惊朝野。宋理宗阅后大赞“此天之祥，宋之瑞也”，对文天祥的才华极为欣赏。同年 5 月发榜，文天祥高中状元，名列进士榜第一甲第一名。

宋朝都极为罕见的状元丞相，留梦炎无疑既深得朝廷信任，又被朝廷寄予深厚的希望。

但就是这样一位被众人寄予厚望的状元丞相，在元军南侵一度势如破竹的危急情况下，既不思考什么对策，也不组织如何抗敌，而是毫不负责任地直接拍拍屁股走人，自顾自回到家里称病不出。

即便是这样，朝廷还是没有放弃。就在同年十月，当朝太后谢道清亲自来到留梦炎家，恳请他出任左丞相。看在太后的面子上，留梦炎点点头，最终答应出山，出任左丞相。留梦炎的出山，令朝廷不由缓了一口气。

可没想到的是，等到德祐二年（1276 年），当来势汹汹的元军进逼杭州时，身为左丞相的留梦炎又一次弃官不干了，直接跑回浙江衢州老家，选择龟缩。

朝廷又一次傻眼了，眼下正值危急之秋，又是用人之际，哪能没有丞相呢？皇帝只好耐着性子，派朝廷官员先后两度前往浙江衢州继续召请留梦炎，但他通通不予理睬。

实在没办法的南宋朝廷，只好任命留在浙江衢州的留梦炎为江东西、湖南北宣抚大使。你留梦炎既然不愿统领百官主持整个抗战，那么能单守衢州也是好的，朝廷默默地想。

在令人失望这方面，留梦炎从来不遗余力。等到元兵进军衢州的时候，身为江东西、湖南北宣抚大使的留梦炎终于想起他曾经的丞相身份，这个身份终于可以派上用场了。令人大跌眼镜的是，留梦炎并不是借南宋故相的名义凝聚人心，发起反抗，而是毫不犹豫地直接向元兵开城投降。

对此，当时得知这一消息的文天祥不无讽刺又痛心地写诗道："龙首黄扉真一梦，梦回何面见江东。"

现在，这两位一刚一弱、一正一反的南宋状元宰相，并未在大宋的江东见面，反倒是在大元的都城北京见面了。对于文天祥，留梦炎的心态相当复杂。两人同为状元宰相，他自己是不战而降，而文天祥却是宁死不屈。文天祥表现得越高尚，就显得他越卑劣。可一旦连文天祥也降了，那么他留梦炎岂不是也就情有可原了？

所以当文天祥刚被俘的时候，留梦炎对忽必烈是这样说的："若杀之，则全彼为万世忠臣；不若活之，徐以术诱其降，庶几郎主可为盛德之主。"

可当二人正式见面后，文天祥对他显得是那样不屑一顾，留梦炎的心路历程大概也就此发生转变。因为留梦炎已经明白，无论文天祥降与不降，其实都没法洗刷属于他自己的那份耻辱。

让留梦炎不得不进一步深思的是，倘若跟他极不对付的文天祥活着，还被大元朝廷委以重任，那么接下来他留梦炎的日子势必将更为难堪，也更难受。

在早已叛宋降元的留梦炎的心里，此时尚未降元的文天祥绝不能降，一定得死。

三

多次速死不得、求死又不成的文天祥，久而久之，心境有了微妙变化，他似乎不再那么坚决地想要立刻赴死了。

文天祥被元军俘虏后不久的诗作里有很多“死”字，如“自古皆有死，义不污腥膻”“不知生者荣，但知死者贵”等，诗的序言里也是“自己卯十月一日至岁除所赋，当时望旦夕死，不自意蹉跎至今”。

可到了庚辰年（1280 年）以后所作的诗句里，那些激烈求死的诗句则相当少见。相反，这时候的文天祥开始对寻道产生一定的兴趣，他和道士灵阳子一块儿聊泉石、聊青山、聊蓬瀛，也聊长生。那些浮名啊、尘世啊，似乎都变得很轻很轻。

在《遇灵阳子谈道赠以诗》里，文天祥就向灵阳子表示：“指点虚无间，引我归员明。”

此外，在中秋夜，被元帝忽必烈赐为道士的南宋琴师汪元量，携琴来为文天祥演奏《胡笳十八拍》。相传，《胡笳十八拍》是汉末才女蔡文姬写的一首长诗，里面记录的是她被掳获至匈奴的十数年间的凄苦经历，以及强烈的思乡情怀。

此刻的中秋之夜，同为南宋旧臣且身在异国他乡的汪元量弹起如此琴曲，而同样身陷囹圄的文天祥，其内心之复杂已是不言而喻。

当汪元量疾徐自然、呜呜咽咽地弹完这一曲时，便请文天祥赋一首《胡笳十八拍》诗。即便是拥有状元之才的文天祥，在这样五味杂陈的复杂心情中，也没法作诗。

十月，汪元量再来的时候，文天祥与他又一次聊天，才把这首诗慢慢写完，落款则是——浮休道人文山。“浮休”出自《庄子》，取“其生若浮，其死若休”之意，寓意人生短暂且无常。“文山”则是文天祥的号。从这里也不难看出，这时候文天祥的心境和思想都在不断向道家靠拢。

就在这样的微妙变化中，极为推崇文天祥的南宋降臣王积翁又一次来劝降时，文天祥表示："国亡，吾分一死矣。傥缘宽假，得以黄冠归故乡，他日以方外备顾问，可也。"大意是说：如果元帝宽容，能够让我以道士的身份重归故乡，那么此后以方外之人的身份来做顾问，是可以的。

于是王积翁就召集了谢昌元、程飞卿等十人，准备共同请求释放文天祥并准许其成为道士。然而，在关键时刻，留梦炎赶紧站了出来，不仅坚决投了反对票，还精准地给予最后一击："如果让文天祥复出，又一次号召江南起兵抗元，那么我等到时候又该怎么办呢！"

众人顿时面面相觑，这件事情就此作罢。与此同时，这也意味着文天祥仅存的一线生机就此断绝。

此后，没有了文天祥作为竞争对手的留梦炎一路高升，最终官至元朝丞相。奇怪的是，对于这位在宋、元两朝都官至宰相的留梦炎，《宋史》不曾为他立传，《元史》也不曾给他立传。

四

留梦炎这样的南宋叛臣，想要文天祥死，因为文天祥虽然足够可恨，但也还在情理之中，但离奇的是，想要文天祥死的，不仅仅有南宋叛臣，还有另外一伙热血的南宋爱国青年，其中的代表人物是王炎午。

王炎午是第三位登场的人物。原本他已经错过了这场"文天祥之死"，但由于他的种种行为和激烈言辞，硬生生地在历史上留下了极荒唐又极可怕的一笔。

王炎午，字鼎翁，是南宋的太学生。在当初文天祥应诏起兵勤王之际，他曾来到军中投奔文天祥。来到军中的王炎午，一方面歌颂文天祥敢于起兵抗元，另一方面建议文天祥拿出家产作为军饷来聚集民心、广招兵马。

文天祥听了欣然答应，并且赞扬道“军中得一小范矣”，将王炎午誉为范仲淹式的奇才，把王炎午留在自己的幕府，授予职位。可没多久，这位“小范”就不干了，他表示：身在太学，父没未葬，母病危殆，得回家养亲。

文天祥当然理解这样的苦衷，同意了王炎午的请求。王炎午这一去就是三年，在此期间不管文天祥在外如何风风火火地干仗，他毫无任何动静。一直到文天祥在五坡岭被俘的消息传来，热血青年王炎午终于满血上线了。

王炎午等来等去，却始终没能等到被俘的文天祥的确切死讯。王炎午和朋友进士刘尧举不禁满心疑虑：文丞相啊文丞相，你咋还没死呢？两个人也特别忧心，生怕文天祥还活着。

对此，刘尧举先写诗说：“天留中子继孤竹，谁向西山饭伯夷？”当王炎午继续问下一句时，刘尧举答：“伯夷久而不死，必有饭之者矣。”王炎午当然一听就明白，这诗分明是在质问文天祥为何还没死，但他嫌力度还不够，进一步改正，说：“‘向’字尚有忧其饥而愿人饷之之意，请改作‘在’字如何？”

对于这一改动，尽管刘尧举本人已经非常赞同，可王炎午觉得还是不够。

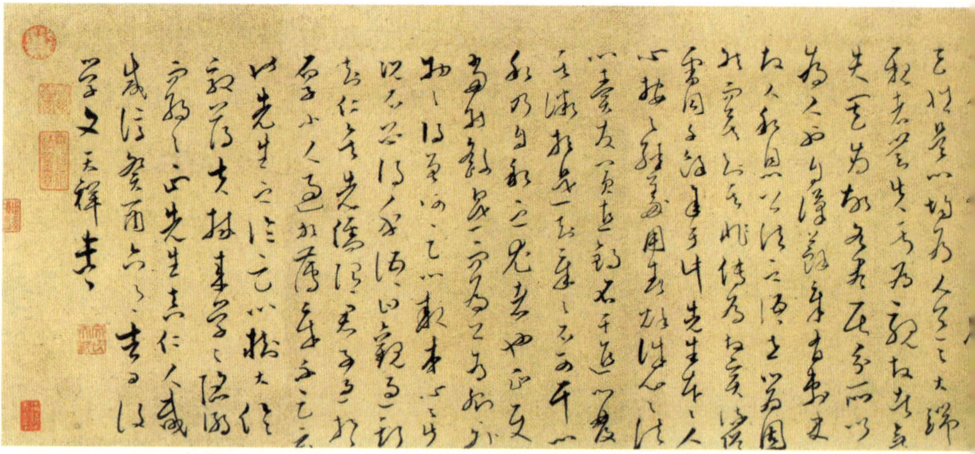

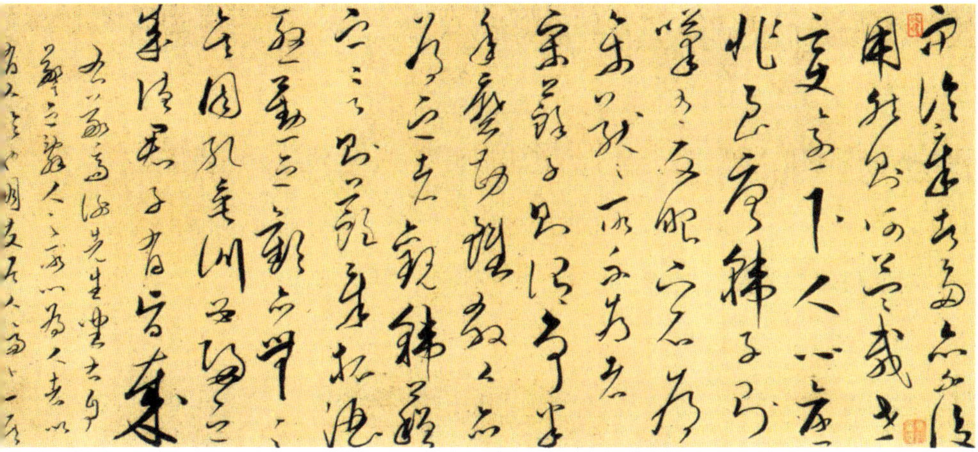

《谢昌元座右自警辞》（局部）【南宋】文天祥 纸本草书 中国国家博物馆藏

文天祥 38 岁时应谢昌元之邀，书写了《谢昌元座右自警辞》。卷尾有跋文，相较于正文字形略微缩。此作强调君子应珍视亲友、故旧关系，真诚善意相待，并在困难时伸出援手。同时，批评了卖友求荣等不道德行为。

谢昌元在文天祥写下《谢昌元座右自警辞》的三年后，即宋端宗景炎二年（元至元十四年，公元 1277 年）七月，于施州战败被俘。随后，他接受了元朝礼部尚书之职，到元朝为官，但仍试图营救文天祥。然而，这一请求因留梦炎的反对而失败，反而坚定了元朝杀害文天祥的决心。文天祥与谢昌元的关系，以及与曾在南宋同朝为官的留梦炎在国难之际的选择和行为，对待故人的态度和道义，都成了历史的见证，反映了他们各自的品格和信仰。

他默默思索着：这样简短的诗章，实在不能充分表达我充沛的情感，尤其是很难将文天祥必须自杀、必须死的道理说透。

于是王炎午决定不再赋诗，改为认真写作文，这篇作文的题目就叫《生祭文丞相文》。全文很长，多达1700字左右，主要内容则是站在伦理道德的高地，从各个方面论证，文丞相你怎么还不死呢？你早应该死了！

比如文章开篇就呼天喊地，开宗明义地表示："呜呼！大丞相可死矣！"

然后论述说文天祥这一辈子，其实很美满了，也没什么值得留恋的了，并为文天祥列举了诸多可死的理由：科举及第，诗文不朽，可死；对父母孝顺，没有遗憾，可死；入相出将，功名事业很大，可死；仗义勤王，使命不辱，可死。

然后再大发质疑：你在敌营活着是想干吗——是想逃跑吗？是想有所作为吗？还是旧主尚在，不忍先死？

随后打碎一切幻想：大宋灭亡已成定局，文丞相你就别抱苏武那般还能回到中原的幻想啦，你应该像颜杲卿、张巡一样，以死昭告天下才是好样的。

再反过来说，若不这样死，文丞相你也只会死得更难堪，更加不值，更加不划算："或拘囚不死，或秋暑冬寒，五日不汗，瓜蒂喷鼻死，溺死，畏死，排墙死，盗贼死，毒蛇死，猛虎死，轻一死于鸿毛，亏一篑于泰山。"[①]

① 出自清孙承泽所著《元朝典故编年考》。生祭，即为赴死或将死的人举行祭礼。

并且，王炎午还很贴心地为文天祥设计好了最为感人的死法：

他表示“人不七日谷则毙”，文天祥现在即便不能效仿田横那般自杀的壮士之举，也应该像不食周粟的孤竹君一样，到庐陵的时候正好“归正首丘”。因为庐陵的文物兴盛，与丞相你的忠烈也正好相配。

至于我王炎午，“于国恩为已负，于丞相之德则未报”，我能做的就是求求文丞相你快点死吧，在此之前我王炎午先哭为敬，至于你文天祥死不死、怎么死，你就自己看着办吧。

等到王炎午将祭文写成之后，拿给刘尧举看，刘尧举边读边感动得稀里哗啦。

这两个人也真是行动派，没有丝毫拖延，当时就抄录了数十本，从赣州到洪州沿途都张贴起来，就希望文天祥经过这里时，能够看到这篇文章从而选择自杀。

可让王炎午、刘尧举颇为遗憾的是，俘虏文天祥的船队在此之前早就离开了。当然他们不知道的是，虽然没有看到他们这番“大义凛然”“饱含热泪”的劝死，文天祥本人此刻也正在默默地绝食求死。

这还没完。后来还有好事者臆想了一个版本，说文天祥在洪都码头看到了这篇《生祭文丞相文》，也热血沸腾，并且事后还在狱中作了一篇三百来字的《谢王炎午生祭文》。这个故事虽然是假的，但里面人物的行为却令人不寒而栗。试问，在这样如水银泻地般无孔不入的道德绑架下，谁还能够有勇气、有力量选择不死呢?

至元十九年（1282 年），忽必烈最后一次召见文天祥，明确表示：“汝以事宋者事我，即以汝为中书宰相。”

文天祥的回答是：“天祥为宋状元宰相，宋亡，惟可死，不可生。”

忽必烈再问："汝不为宰相，则为枢密？"

文天祥回答："一死之外，无可为者。"

就在文天祥拒绝合作、情愿一死的同时，各种谣言如"十一月，土星犯帝座，疑有变""中山府（今属河北）有人聚众数千人，声言要来劫取文丞相"等，与"有盗杀左丞相阿合马"等现实乱象形成合力，终于使得忽必烈决心改诱降为杀戮，最终杀掉文天祥。

文天祥临刑前，问了问哪里是南方。得到回答后，向南而拜，从容就义。死后，被人发现其衣带上写着：

孔曰成仁，孟曰取义，惟其义尽，所以仁至。读圣贤书，所学何事？而今而后，庶几无愧。宋丞相文天祥绝笔。

文天祥以自身的行为和生命，向王炎午、刘尧举等各种既质疑又担心、既歌颂又吹捧他的人证明，这些人的担心和质疑是多余的，这些人的歌颂和吹捧也都是荒谬可笑的。他们的任何猜忌和赞扬，对于文天祥，都是一种亵渎。

当文天祥慷慨就义的消息传遍大江南北，王炎午终于松了口气，大笔一挥，又是一篇《望祭文丞相文》，里面表示文天祥的死是"日月韬光，山河改色"的死，是"三千年间，人不两见"的死，是有意义的死、有价值的死！

至于他王炎午本人死不死呢，对不起，他选择不死。在文天祥死后，王炎午大概选择了做隐士。客观来讲，在这一点上，他比同样渴望文天祥死的叛臣留梦炎表现得要好。然后王炎午太平无事地活了 41 年，直到 73 岁时正常去世。

在王炎午留下的一首词里，我们还能看到他之后的生活是怎样的闲适婉约而又潇洒写意：

又是年时，杏红欲脸，柳绿初芽。奈寻春步远，马嘶湖曲，卖花声过，人唱窗纱。暖日晴烟，轻衣罗扇，看遍王孙七宝车。谁知道，十年魂梦，风雨天涯。

休休何必伤嗟。谩赢得、青青两鬓华。且不知门外，桃花何代，不知江左，燕子谁家。世事无情，天公有意，岁岁东风岁岁花。拼一笑，且醒来杯酒，醉后杯茶。

五

我们不难发现，在当时的大环境里，比的就是谁更没有操守、更没有底线。同时，这样的人往往能将道德作为武器，从而绑架、谋杀他人。催促文天祥速死的王炎午可以当隐士，留梦炎可以当叛臣，当时也没人会以道德去绑架留梦炎、王炎午，要求他们速死。

那什么人必须死呢？答案是，文天祥这样的人。文天祥一定不能去当道士，去“黄冠归故乡”；更别说什么“他日以方外备顾问”，再度出山。

在此后的历史里，无数人物对此表示异议，认为这是扯淡，是《宋史》的疏漏之处，是在抹黑文天祥的高洁志向。

像明人胡广就表示“请释天祥为黄冠师”是王积翁等人自己的意思，跟文天祥本人没关系。清人赵翼又对此驳斥，但他认为“黄冠归故乡，乃元主之意，非天祥意也”。

总而言之，那些“黄冠归故乡”的意愿，绝不会是文天祥自己有的，而是用来诬陷和败坏文天祥的。

当然了，我们不排除以上这些可能。但我们反过来讲，文天祥经历了多次自杀未遂，就算真的产生了“黄冠归故乡”的意愿，难道我们就能以此否定文天祥吗？在面对国亡之际“生存还是死亡”的问题，我们可以在另外一个人的身上找到类似的答案。

这个人是和文天祥齐名的谢枋得。他是在“文天祥之死”这一事件里登场的第四位人物。

谢枋得，号叠山，他与文天祥是同科进士。与号为“文山”的文天祥，并称为“二山”。当忽必烈访求江南贤才时，一如刘积翁认为文天祥“南人第一”一般，行台侍御史程钜夫在推荐南宋遗贤时，以谢枋得为首。谢枋得以“母丧”“不才”为辞，拒绝了元朝的征聘。

此后第二年，近臣同法师林樵、谷春奉命前往江淮搜求贤才，都以谢枋得为首，谢枋得再次拒绝。

第三年，行省丞忙古台奉旨驿召，更是亲临访问，握着谢枋得的手恳请他出山。谢枋得还是拒绝，并且表示：今日留我谢枋得一个在西山采薇，对国家又有什么损害呢？忙古台一如当初对文天祥感到“义之”的张弘范一样，也对谢枋得感到“义之”。

可还没过多久，江西行省参知政事管如德又奉旨搜求江南人才，其中礼部尚书、翰林学士承旨留梦炎也推荐谢枋得。留梦炎之所以推荐谢枋得，这次倒真没什么复杂心理，也没什么害人心思，是因为他俩本是师徒关系。

留梦炎历来都极为看重并欣赏谢枋得，不仅仅是在入元之后才开始举荐谢枋得，就是当初在南宋他也同样极力推荐过谢枋得。

在留梦炎向元朝推荐谢枋得之前，两人的私交关系也相当不错。谢枋得就曾表示过自己对老师的挂念，他在《送史县尹朝京序》里就回忆说：“余老且病矣，只欠一死。回思少年遇知己，如忠斋留公、敬斋谢公……皆待以国士，期以邃业。”谢枋得提到的诸多知己里，排在第一位的就是忠斋留公——留梦炎。

那一刻，留梦炎心中或许这样想：别人固然请不动你谢枋得，我一定可以。但令留梦炎没想到的是，在他叛宋归元时，谢枋得没怪他，仍旧把他当知己，理解他“人各有能有不能”。可留梦炎举荐谢枋得时，谢枋得却直接炸了，写下了一封《上丞相留忠斋书》，在关于降元这一点上，谢枋得明确表示“先生之所能，某自知某必不能矣”。同时怒骂留梦炎贪图富贵、背弃大节，势必将受到天地鬼神的惩罚。留梦炎的种种行为，“天地鬼神知之，十五庙祖宗之灵亦知之”。

如此霹雳一般的洋洋千言，想必留梦炎看得一身冷汗。

六

对于这样顽固的谢枋得，哪怕是很没有节操的留梦炎也罢手了。

但还有比留梦炎更没有节操的，这个人也是南宋叛臣，后来的福建行省参知政事——魏天祐。

魏天祐见这么多人都拿不下谢枋得，而朝廷求才的心又如此急切，便决心拿下谢枋得给自己冲冲业绩，同时呢，也能彰显自己的工作能力。要知道，这可是连留梦炎都没拿下的业绩啊。

关于谢枋得的倔强和固执，魏天祐也不是没有准备。他本人亲自带队前来，但实在没想到，谢枋得表现得极其倨傲，不是“与之言，坐而不对”，就是大骂他魏天祐奸邪害民。

恼羞成怒的魏天祐，此刻反而质问谢枋得：“封疆之臣，当死封疆。当初安仁大败，你怎么不死呢？”

谢枋得则很认真地以程婴、公孙杵臼二人为例，表示自己并不是贪生怕死，而是像程婴一样心有所待。魏天祐反击：“强辞！”直接动用强权和武力拿下谢枋得，逼其进京。

跟文天祥一样，那些怀疑、质问、责难谢枋得为什么不死的，并且要求谢枋得速死的，不仅仅是像魏天祐这样的南宋叛臣，同样也有谢枋得的追随者。在谢枋得被魏天祐拘执北上的时候，谢枋得收到了大量弟子和友人的送别诗。

其中最具代表性的是谢枋得的弟子张子惠，他满怀深情地写了一首《送叠山先生北行》：

打硬修行三十年，如今订验是儒仙。
人皆屈膝甘为下，公独高声骂向前。
此去好凭三寸舌，再来不值一文钱。
到头毕竟全清节，留取芳名万古传。

说是送别诗，反而以“全节”之名规劝、催促对方早点死。强调光凭语言去说服他们，若放弃原则也是毫无价值的，只有杀身全节，才能真正地表明自己的立场，万古流芳。

这不就是另一个缩减版的《生祭文丞相文》吗？他们不再指望文天祥、谢枋得这样的人能够收复河山，转而期待他们能够速死，用他们的死来为衰亡的大宋添上一缕最后的华光，而一旦文天祥、谢枋得迟迟不死，他们便惶惶不安。

曾经先后五次拒绝元朝征召、不愿仕元的谢枋得还是被押解北上了，这一路上，他的选择和文天祥一样，想要绝食而亡。自九月十一日离开建阳起，谢枋得便尝试绝食。九月二十日，开始完全绝食。如此二十余日，竟然不死，于是谢枋得便也恢复饮食。

这一路上，谢枋得不食烟火，仅吃蔬果，说是蔬果，只是每日五枚枣子而已。到了冬天，更是衣衫褴褛，鞋子破烂，见者无不伤怀落泪。

直到至元二十六年（1289 年）四月一日，谢枋得终于到达京师，在问明谢太后殡所及德祐皇帝所在地方后，恸哭而拜。一旁看不惯的馆伴见状，不无威胁地说道："此是文丞相砍头处。"谢枋得答道："当年集英殿下赐进士第，幸同榜，今复得从吾同年[①]游地下。"

眼看乞丐一般的谢枋得状态实在太差，连留梦炎都看不下去了，急得让医生带着药物和食物来喂谢枋得。谢枋得表示："吾欲死，汝乃欲生我邪？"直接将其扔在地上。

很快，在四月五日的冷夜里，一路绝食而来的谢枋得终于得以成功殉国，和文天祥同游于地下。

① 同年，科举时代称同榜或同一年考中者。这里指文天祥。

七

我们不难看出，谢枋得毫无疑问是具有强烈“忠宋”意志的南宋旧民，但他并不是没有求生的念头。另外，“是不是忠臣”和“想不想求生”这两者其实也并不冲突。

谢枋得在《却聘书》中就说：“世之人有呼我为宋之逋播臣者，亦可；呼我为大元游惰民者，亦可；呼我为宋顽民者，亦可；呼我为大元之逸民者，亦可。”在《与参政魏容斋书》中也说：“且问诸公，容一谢某，听其为大元闲民，于大元治道何损？杀一谢某，成其为大宋死节，于大元治道何益？”

也就是说，谢枋得的底线是不出仕元朝。如果能让他做一个“大元惰民”“大元闲民”或“大宋顽民”，他也是可以选择不死的。

但整个大环境一再逼迫他出仕元朝，这已然侵犯到了谢枋得最后的底线，他不得不选择死。

我们从经历极为相似的谢枋得，再来反观文天祥，就能明白当初的文天祥就算有求生的念头，也并不奇怪。

但是他们选择活着，有一个前提，那就是活在他们的底线之上。而一旦有人践踏、越过他们的原则和底线，他们就能做到大义凛然，不惜一死。所以，他们遭遇的真正冲突，是当时“非死不可”的真实大环境和个人对“可能不死”存有的正当幻想之间的冲突。

我们看当时的大环境，虽然文天祥、谢枋得被强迫入元，面对敌军给予的压力。但像张弘范、忙古台等敌对人物，都对文天祥、谢枋得感到“义之”，都予以相当的崇敬和尊重。

反而是留梦炎、魏天祐这样的叛臣，撕咬着他们不放，既暗暗期待他们最终也能同自己一样软弱投降，又害怕他们会威胁到自身的利益和安全。

至于王炎午这样的“友军”，自己完全丢弃了收复河山的志向，却在道德上揪着他们不放，希望他们能自杀身亡，从而让他们给大宋、给天下人、给整个历史一个交代。

而当敌我双方的政治强权和道德舆论形成合力时，也就注定了这些忠宋之士不得不死，就算敌人欣赏他们、不要他们死，那些叛臣也要他们死，我方道德家则更要他们死。

实际上，他们作为个体，也是一个个有血有肉的真实的人，而不是了无牵挂、没感情的神。他们也有家族，有家人，有父母，有妻儿，有兄弟，而这些也都可以是他们选择活下去的重要理由之一。

像谢枋得，当初兵败之际，就是背着老母亲一路逃亡，可最后还是被抓了。已经八十三岁的老母亲桂氏被抓时，表示：“老妇愿得早死。”

谢枋得的妻子李氏为了逃避元兵的追捕，带着孩子们躲藏在贵溪山里，采草木为食。后来元兵到处搜寻不到，便扬言要屠城，李氏便自行挺身而出。元兵长官见李氏貌美，便欲逼婚，李氏当日自缢而亡，她身边的一女、二婢也都跟着自缢而死。但这还不算完，谢枋得的两个儿子熙之、定之被抓，两个弟弟君烈、君泽和三个侄子也都惨死狱中。

至于谢枋得的兄长君禹，则与元兵战于九江，最后不敌，被斩于市。伯父徽明为当阳尉，同样与元兵血战，不敌被杀，两个孩子去抱父亲的尸体时，也被杀。谢氏一族，惨烈至此！

再说文天祥，他是家里的长子，下面还有两个弟弟。父母、妻儿、兄弟无一不是他牵挂的对象。我们甚至都不用看全诗，单从《母》《妻》《长子》《次子》《乱离歌》《哭妻文》《得儿女消息》《景定壬戌司户弟生日有感赋诗》等诗的题目就能感知到文天祥内心对家人的深深思念之情。

一个孤独无依的人想要自我了结，大概不算难事。但让一个深情之人，去主动放弃并割舍自己曾经的一切眷恋，哪怕他浑身铁骨也很难做到。但文天祥、谢枋得等人在痛苦中挣扎着，最后都忍痛割舍了这一切。

其实说起来，当时的南宋朝廷对他们都有过不同程度的亏负。文天祥曾被权臣一再打压，并且遭到多次弹劾，两度罢官还乡。以至于当时的同榜进士“无不登进”，而唯独文天祥独自“淹恤在外，尚迟向用”。

谢枋得也一样，同样遭遇权臣打压，他在南宋灭亡前的仕宦生涯也一度是：“某三十一而入仕，五十一而休官，平生实历，不满八月。俸禄无一毫归家养亲，已不可言孝矣。”在他的另一首诗里亦有这样的慨叹：“天地有心扶社稷，朝廷无意得英豪。”

但就是这样，在整个南宋朝廷这艘大船最为危难之际，将个人命运绑着国家命运一同倾覆的，既不是在朝廷最得宠信的像留梦炎这样的投机政治家，也不是在民间将口号喊得最凶的像王炎午这样的“道德家”，而是文天祥、谢枋得这般有过彷徨、挣扎，也有过求生念头，但始终坚持自我底线，最终毅然走向死亡的一个个活生生的真人。

人性里的光与暗，到此鲜明至极。

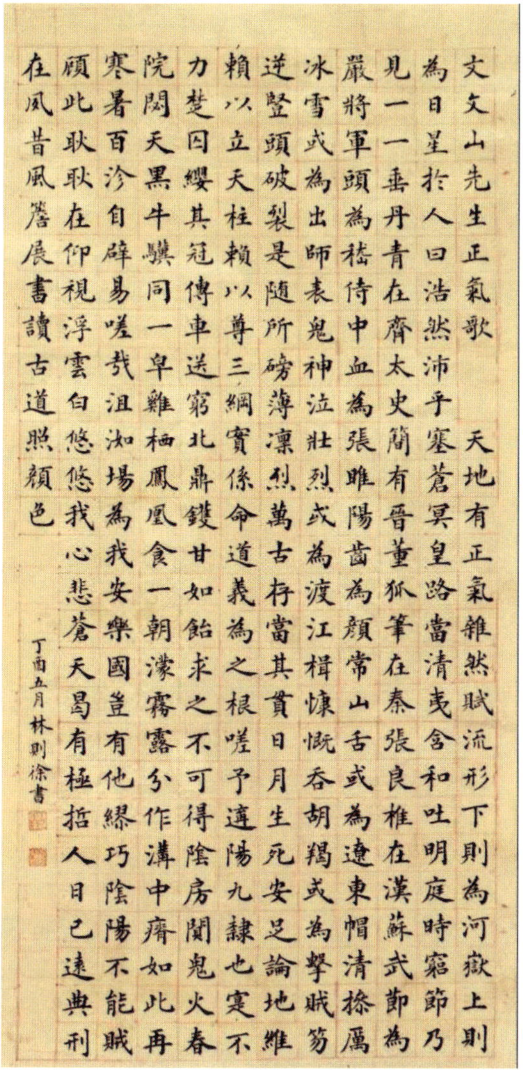

文天祥《正气歌》【清】林则徐 楷书

《正气歌》是文天祥被囚于元大都的狱中所作的长诗，以“天地有正气，杂然赋流形”“时穷节乃见，一一垂丹青”表达了浩然正气存乎天地之间，一个人的气节在困境和危难之际才会真正显现出来，并被历史所铭记。

贰

历史镜像

——照见不同时代的岳飞身影

狄青
——文官猎杀下的武将悲歌

一

北宋宝元元年（1038 年）的十一月，刚刚称帝的西夏皇帝李元昊第一次大举侵宋，对于战斗力历来低下的宋军，李元昊志在必胜。

镇守边境的大宋巡检刘怀忠率宋军出战，他率领的宋军为保安军。不多时，这位保安军的头头刘怀忠就战死沙场，整个战场乱作一团。

正值危急之际，忽有一支队伍赶来支援。只是为首一骑很是奇怪，不仅披头散发，还戴一副铜面具。只见他高呼酣战，奋力往来冲杀，完全是不要命的打法。更可怕的是，他所率的士兵也同样如此高昂激进，这完全不像是大宋军队历来孱弱的作风，这使得整个宋军都士气大振。

西夏皇帝李元昊远远看着这一幕，心知此战再无胜算，当即率军撤退。逃出生天又胆战心惊的西夏士卒经历此战后，更是称那披头散

狄青像 收录于《历代圣贤名人像册》 故宫南薰殿藏

狄青（1008—1057），出身寒门，智勇双全，爱护士兵，是北宋著名的将领。宋仁宗时，凭借战功从最底层士兵升至枢密使（宋代最高军事长官），后受到文官集团排挤，于嘉祐元年（1056年）被免去枢密使之职。次年三月狄青抑郁而终，年仅四十九岁，死后追赠中书令，谥号“武襄”，后世称为“狄武襄”。

发的铜面将军为“狄天使”。一时间，这位狄天使“临敌被发，带铜面具，出入贼中，皆披靡莫敢当”的战神形象，无论是在敌军中，还是在我军中，都深入人心。

至于这位“狄天使”的本名，叫狄青。

狄青，字汉臣，汾州西河人。出身并不高贵，普通的农民家庭。同时代的苏轼在《书狄武襄事》中提到“狄武襄公者，本农家子”。就是这样一个普通农民出身的军人，很快在西夏边境的战场上大放异彩，靠着一场又一场惨烈血战，摘取一个又一个辉煌战果，就此成为一颗冉冉升起的大宋将星。

狄青因作战勇猛，表现突出，被当时的上司经略判官尹洙推荐给了当时驻扎在西夏边境的最高领导——范仲淹。

范仲淹也是相当欣赏和青睐狄青，甚至亲自取出《左氏春秋》一书交给狄青，并且郑重地告诫道：“为将要是不知古今，那不过是匹夫之勇罢了。”有了被羌人称为“龙图老子”的范仲淹的亲自教导和提携，狄青开始折节读书[①]。他渐渐地精通了秦汉以来各种名将的兵法，从此打起仗来，更是如虎添翼。

等到庆历四年（1044 年），大宋同西夏达成和议，狄青在仁宗的高度赏识下，逐步做到了当朝武将第二高的职位——枢密副使。但这遭到了部分文官的极力反对。

比如左司谏贾黯就明确表示反对，他认为：“国初宿臣武将，扶建大业，平定列国，有忠勋者，不可胜数，然未有以卒伍登帷幄者。”

① 折节读书，指改变旧习，发愤读书。出自《后汉书·段颎传》：“颎少便习弓马，尚游侠，轻财贿，长乃折节好古学。”折节，指改变过去的志趣和行为。

贾黯的意思很明确，咱们大宋开国以来，从来就没有武夫当大官的，有功劳的多了去了，这狄青又怎么能做枢密副使呢?

御史中丞王举正、御史韩贽等也都纷纷跟投反对票，给出的理由五花八门，什么狄青出身于行伍、四夷会轻蔑朝廷、大臣耻与为伍、会破坏祖宗成规等等。但仁宗皇帝的态度很明确，不管你们说得如何天花乱坠，朕就是“皆不听”。

很快，新的考验和机会来了。

皇祐四年（1052 年），就在狄青官拜枢密副使不久，北宋的南方边境，侬智高突然起兵反叛，攻陷广南西路重镇邕州，建立“大南国”，自称仁惠皇帝。此后侬智高更是仅用了二十来天就攻克了横、贵、浔等九州，一路上杀官吏、焚府库，很快就围攻广州。不难看出北宋的地方军事何等薄弱，几乎完全不具备抵御能力。

侬智高如此凶悍，使得整个北宋朝廷大为惊恐，赶紧派出当初在对西夏战役中立下赫赫战功的名将蒋偕、张忠前往平息叛乱。蒋偕被时人认为“沉毅有术略”，即便如此，这二人也是接连兵败战死。

与此同时，当地的广南东西路安抚使杨畋也没有制敌克敌的能力，一度只能采取坚壁清野、弃地烧粮的极端办法来进行自保。

在这情势危急、众人束手无策、皇帝忧虑不已的时刻，身为枢密副使的狄青站了出来，请求上阵杀敌，以此报国，其言语相当壮怀激烈：“臣起行伍，非战伐无以报国。愿得蕃落骑[①]数百，益以禁兵，羁贼首致阙下。”意思是说：我出身行伍，只有通过战伐才能报效国家。

① 蕃落骑，即蕃落骑兵，指归附宋朝的党项人、回鹘人、吐蕃人组成的辅助骑兵。

我希望能得到数百名蕃落骑兵，再辅以禁军，共同作战，将贼首擒获并押送至朝廷。

尽管仁宗皇帝及众人都明知曾在西夏作战的狄青素有才能，但眼前仍有一个严峻的规则问题。在北宋，哪怕是行军打仗，也必须遵循“文臣将兵”“以文驭武”的规矩，武将不得独自出征。就像当初对西夏作战时，以夏竦、庞籍、范仲淹、韩琦这些文官为统帅。

即使仁宗皇帝对狄青极为赏识，也仍沿袭惯例，任命宦官任守忠为狄青的副手。这就相当于安排了一位监军来制约主帅狄青。因前线战事实在太过危急，谏官李兑等人赶紧表示：“宦官不懂军事，外行制约内行，不妥。”

仁宗觉得有理，可刚罢免任守忠，另一位谏官右正言韩绛又站出来表示：“青武人，不足专任，请以侍从文臣为之副。”要求还是得派遣监军，即便不派宦官，也得派一位文臣来监督狄青。

犹豫不定的仁宗只好询问同中书门下平章事，也就是当朝宰相庞籍的看法。

庞籍曾在西北前线任指挥官，是狄青的老上级。可以说，他既了解军中情况，又深知狄青的个人实力，所以他先一方面分析当前局势：“属者王师屡败，皆由大将轻，偏裨自用，不能制也。”近期以来我们之所以老打败仗，就是因为大将权力过轻，导致偏将、副将各行其是，无法统一号令，从而不能战胜敌人。

另一方面则明确表示“若以侍从之臣副之，青之号令复不得行”，而“青昔在鄜延，居臣麾下，沉勇有智略，若专以智高事[1]委之，必能办贼”。也就是说，如果让狄青独自领兵出征，我们一定能够胜利。

于是仁宗在垂拱殿摆宴为狄青饯行。垂拱殿是北宋皇帝历来处理政务、召集忠臣的地方，仁宗选择在这里为狄青饯行，足见仁宗对狄青的器重。

最终，仁宗不但没从中央派人监督限制狄青的权力，甚至还授予了狄青更大的权柄，让当时地方上的官员都积极配合狄青，“乃诏广南将佐皆禀青节制，若孙沔、余靖分路讨击，亦各听沔等指挥”，其中安抚使孙沔和余靖都是文官。

面对侬智高这等凶悍，前去平叛的名将屡屡阵亡，被仁宗皇帝寄予厚望、给予了大力支持的狄青能成功平叛吗？答案是肯定的。

狄青到了地方之后，发现地方军纪确实糟糕透顶，“诸将视其帅如寮宷[2]，无所严惮，每议事，各执所见，喧争不已”。

对此，狄青总结出来的教训是“令之不齐，兵所以败”，于是极铁血地斩杀了广西钤辖[3]陈曙在内的三十二名将校，广西钤辖陈曙此前不听从命令、轻率行动导致狼狈战败，所以成了狄青用来严明军纪的最佳对象。

当然，狄青此举除了整顿军纪外，也不乏震慑军中文臣的用意。在狄青大开杀戒之后，不仅军中“诸将皆股栗”，就连身为文官的余靖，在狄青的注视下也是“瞿然起拜”，表现出敬畏之情。

---

① 智高事，指平定侬智高的事务。侬智高是北宋时期广源州的少数民族首领，他的势力在一段时间内对宋朝的边境造成了威胁，直到狄青领兵平定。

② 寮宷，指僚属或同僚。

③ 钤辖，一路或一州的部队司令。

另一位被狄青叫来问责的提刑祖无择则急中生智，声称“无择来时，金口别有宣谕”，于是借着冒称有天子特诏的幌子，祖无择“即呼牵提刑马”赶紧就溜，等到“既至所舍”，感到安全之后，已是“便溺俱下”。自此，宋军纪律一新、步调一致，为随后的大战做好了充足准备。

皇祐五年（1053 年）正月十五，狄青带着焕然一新的精兵出征，果然不负众望，在雪夜攻克昆仑关，此战对侬智高进行了毁灭性打击，使得强大凶悍的叛军土崩瓦解。

做完事之后，接下来考验的是如何做人。事实证明，狄青做得也相当不错。

面对“平定侬智高”这一自本朝统一以来在边境取得的最大胜利，狄青却“尤喜推功与将佐”，自己毫不居功，更难得的是，“贼既平，经制余事，悉以诿沔”，等到一切尘埃落定后，原本大权在握的狄青将权力通通交付于孙沔，等于是将功劳推给孙沔。

这使得此前内心根本不服狄青的文官孙沔，念念感叹说“始叹其勇，既而服其为人”，并坦率表示自己比不上狄青，“自以为不如也”。

另一位曾被狄青吓得“瞿然起拜”的文官余靖，在战事告捷之后，也同样对狄青相当佩服，甚至洋洋洒洒地写了一篇文章，对狄青丝毫不吝惜赞美之词：

天生狄公，辅圣推忠。情存义烈，志嫉顽凶。

请缨即路，仗节临戎。英材遴集，猛将风从。

贼之敢斗，实惟天诱。来迓于郊，奄丧群丑。

当我摧锋，易如拉朽。僭补伪署，丛然授首。

二

面对从南方成功平乱归来却毫不居功的狄青，仁宗是越看越欢喜，一再思索到底该给予狄青什么奖励，“速议赏，缓则不足以劝矣”——赏要快，不能拖久了，以免影响激励效果。

仁宗历来都非常欣赏狄青。他不仅一再提拔狄青，还前后两次在垂拱殿为狄青设宴庆祝，更是亲自关心狄青的饮食起居。毕竟自仁宗即位以来，大宋的将领普遍表现平平，甚至不乏无能和庸碌之辈。

狄青则明显与众不同，既战功赫赫又忠心耿耿，既有文韬武略又低调谨慎，既能令敌人闻风丧胆又能得到部下敬仰。无论是最近的南征，还是当初的西伐，都打得非常漂亮，堪称北宋的保护神。

也难怪《水浒传》里有这样的传说，仁宗皇帝刚降生时哭个不停，因为他知道日后执政不易，然后太白金星就下凡告诉他“文有文曲，武有武曲”，孩子便立马不哭了。这位文曲星便是大名鼎鼎的“包青天”包拯，而这位武曲则是狄青，他俩都是天神下凡。

仁宗考虑到狄青已是枢密副使，为表彰他此次平乱的功劳，干脆任命他为枢密使，也别做什么副使了。可没想到，仁宗这想法一经提出，在整个朝堂上瞬间激起了千层浪。

简单来讲，在北宋，枢密院是负责军政的最高领导机关，而枢密院里的最高长官便是枢密使。枢密使又被称为枢相，与参知政事同为执政。尽管这一职位主管军事，但按照惯例，通常由文官来担任。特别是在仁宗一朝，其间共产生了二十九位枢密使。其中，除了狄青是武人出身外，其余都是由文官担任。

所以，当仁宗欲提拔狄青为枢密使、同平章事的消息传出时，整个文官集团都沸腾了。

其实早在狄青官拜枢密副使时，整个文官集团对武人的鄙夷、摒弃和不屑就曾有所体现。只不过由于枢密副使到底不是一把手，所以这种抵制算不上特别强烈，仁宗皇帝稍微强硬一点，文官也就妥协了。

然而这一次，文官集团注定无法再妥协。

这时候站出来强烈反对狄青拜枢密使的不是别人，恰恰是战前曾极力支持狄青，也曾是狄青的老上级庞籍。

庞籍先给仁宗皇帝讲历史故事："当初曹彬平定江南，太祖就说：'本想拜你为相，可现在敌人还多，一旦拜相让你到了顶点，将来你怎么为我效命？'于是只赏赐了二十万钱。"

接着客观分析："如今狄青虽然有功，但也没当初曹彬那么大的功劳。且敌人还有那么多，如果现在就让狄青拜相，富贵达到极点，那么狄青今后要是再立功，又该怎么赏呢？"

最后亮明观点："狄青是从军中起来的，之前做到枢密副使时，就已经引得议论纷纷。现在狄青侥幸立功，才使那些舆论稍稍平息。倘若陛下您又奖赏太过，这势必会使狄青更加得罪众人啊。我之所以阻止狄青官拜枢密使，也不是为了国家吝惜名位，而是想保全狄青啊。"

不得不说，庞籍在力阻仁宗拜狄青为枢密使这一事上，其用意也确实有保全狄青之心。毕竟整个文官集团的反对力量之强，别说狄青不一定能够承受，哪怕是仁宗，此刻也不得不慎重考虑。

如此“争之累日”，仁宗偃旗息鼓，选择妥协，“上乃从之”。决定不再加封狄青，退而求其次咨询：“那给狄青的儿子们升升官吧，这总可以吧？”庞籍松了口气，也是见好就收，顺便再讲个故事说：“当初卫青有功，四个孩子都被封了侯。”然后再下结论：“因为以前有过这样的例子，那么封狄青的孩子们也就无妨啦。”

于是仁宗赏赐狄青大量金帛，狄青的儿子们也都被一一破格升官。等到这一系列事情落实完毕，两府向仁宗汇报时，仁宗不由也感到很满意，对庞籍笑道：“之前你说的是对的，可谓是深谋远虑。”

可没想到的是，事情很快就又发生新的转机。整个文官集团固然在鄙夷、摒弃武人这一点上表现得相当一致，但他们彼此之间却并非铁板一块，同样存在着激烈的竞争关系。

而狄青的武人身份，也就像是一把双刃剑。如果使用得当，也未尝不能变成一件好事。

能够这般打开思路的，是参知政事梁适。他决定反其道而行，在狄青已经与枢密使无缘的情况下，重新力挺狄青做枢密使，并且不遗余力地为狄青大造舆论。

这位参知政事梁适之所以力挺狄青，并不是因为他真的有多看重狄青，而是因为当前的枢密使高若讷是文官出身，排位在他之上，按照当时的规矩，一旦宰相职位有所空缺，就得是高若讷先补上空缺，他梁适就只能靠边站了。可倘若枢密使由武人出身的狄青来担任，那么对梁适就没有丝毫威胁，日后他将稳稳地登上相位。

出于对自身利益的考量，梁适一方面亲自向仁宗密奏，说给予狄青的奖励实在太少了，怎么能激励将士们为陛下您效命呢？这样搞，

宋仁宗坐像　绢本设色　台北故宫博物院藏

宋仁宗赵祯（1010—1063）是宋朝第四位皇帝，他在位时期（1022 年 3 月 23 日—1063 年 4 月 30 日），北宋面临着诸多内忧外患，狄青凭借勇猛善战，多次为朝廷立下战功，稳定了边境局势，因此宋仁宗对狄青的信任和依赖到了很高的程度，一旦狄青打了胜仗，宋仁宗就会非常高兴，恩宠有加。狄青始终对宋仁宗忠诚耿直，为朝廷尽忠职守，宋仁宗则给予他充分的信任和重用，让他担任枢密使这一重要职位。

显然是“无以劝后”嘛。另外一方面，梁适又暗结仁宗身边的内侍，让他们在仁宗旁边大吹特吹“枕边风”，反反复复地歌颂狄青之功有多大，而赏赐又有多薄，以至于连他们都看不下去了。

在日日夜夜、里里外外都是这般信息的狂轰滥炸之下，历来很在乎朝野议论的仁宗思量着“不能无信”，于是下定决心要再次拜狄青为枢密使。

尽管庞籍等人对此很是惊愕，表示要回去再商量商量、讨论讨论，但这次仁宗却寸步不让，不顾任何异议，终使狄青官拜枢密使。

三

经过这场文官集团内部极为复杂的政治斗争后，狄青虽然侥幸地官拜枢密使，由平民武人之资当上了北宋最高的军事长官，但同时，这也是狄青不幸的开始。

这时候狄青的声名已在朝野上下广为传颂，非但军中士兵们纷纷以狄青为荣，“士卒辄指目以相矜夸”；就连开封城里的百姓也都对狄青推崇备至，“京城小民闻青骤贵，相与推说，诵咏其材武”。

以至于这时候的狄青无论走到哪里，都能引起人们围观，“辄聚观之”，并且相当狂热，动不动就引得“壅路不得行”，简直跟今天的追星没什么区别。

但这种狂热的崇拜和欣赏，并未赢得文官集团的好感。与之相反，军人和百姓的这种狂热，使得文官们更加紧张，对狄青也更为提防。

狄青本人很清醒也很及时地意识到了这一点，每遇到文官时尽可能地客气、谦逊和礼让。

当然了，这也是历史的惯例。像此前庞籍提到过的北宋开国名将曹彬，就曾做过很好的表率。

当时长期以统军身份征讨四方并战功赫赫的曹彬，哪怕做到枢密使一职，在街上遇到士大夫后也要作出退避让路的姿态，所谓“遇士夫于途，必引车避之”。

但曹彬那个时候，文武官的地位还大致相等，所以曹彬这种姿态，都被当作美谈。像当时在对辽作战前线的老将高琼，对文官就没这么客气，他曾一度抢白和挖苦当时执政冯拯：“君以文章致位两府，今敌骑充斥如此，犹责琼无礼，君何不赋一诗咏退敌骑耶！”

狄青在进入枢密院之后，当然不会选择“高琼模式”，现在的环境也不允许他做高琼，他只能选择“曹彬模式”，甚至比过去曹彬的姿态还要低，尽可能地低到尘埃里去。但再怎么低，现在文官也不会领情，只会觉得他本该如此。

相较曹彬低姿态让路的被动，狄青则是主动地展现出低姿态，比如狄青每到韩琦府中，往往都是“必拜于庙廷之下，入拜夫人甚恭，以郎君之礼待其子弟”。

要知道，据当时人相传，狄青和韩琦本是有过节的。当初狄青的部属焦用因故被韩琦捉拿，狄青前往求情时说：“焦用有军功，是好男儿。”

谁知也曾有过戎马经历但仍是文官出身的韩琦却对此完全嗤之以鼻，反过来狠狠教训狄青道：“东华门外以状元唱出者乃好儿，此岂得为好儿耶！”意思是那些高中状元的才是好男儿，你们这等武人算什么东西。随后韩琦更是当面杀了焦用，而一旁前来求情的狄青站在院内动也不敢动。

这也就难怪北宋时有这样的言论和价值观："状元登第，虽将兵数十万，恢复幽蓟，逐强虏于穷漠，凯歌劳还，献捷太庙，其荣亦不可及也。"也就是说，作为一个武将，哪怕能统率数十万大军，光复重要的幽、蓟两地，得以在神圣的太庙献上捷报，也比不上状元及第的光辉和荣耀。

仁宗时期的大臣蔡襄，也说过当时用人的现状："今世用人，大率以文词进：大臣，文士也；近侍之臣，文士也；钱谷之司，文士也；边防大帅，文士也；天下转运使，文士也；知州郡，文士也。"

在这样的环境下，几乎任何要职都是由文士担任，形成了极端重文轻武的风气。这也就注定了武人出身的狄青无论怎样谦恭低调，怎么主动示好，其实都无济于事。因为这里本就没有属于他的生存土壤和出头之日，狄青像是一棵从岩缝里偶然长出来的杂草，越往上爬越费劲，越往上爬越刺眼。

早在狄青未拜枢密使时，就曾被文士刘易大骂"黥卒"；现在拜枢密使后，更是被文官们戏谑和侮辱地称呼为"赤佬""赤枢"。这既是在侮辱狄青脸上的刺字，也是在鄙夷狄青的武人出身。

仁宗知道后，想用药物为狄青除去脸上的刺字。狄青却拒绝了，表示之所以保留刺字，是要让"天下贱儿，知国家以此名位以待"，从而激励天下士卒竞奋向上。但在文官集团看来，贱就是贱，哪怕你战功赫赫、官拜枢密使，也同样无法改变你出身的卑贱。

紧接着，更夸张，也更严重的攻讦开始了。

先是遇到仁宗生病，知制诰刘敞第一个站出来。刘敞趁机表示：“天下有大忧者，又有大可疑者。今上体平复，大忧者去矣，而大疑者尚存。”

也就是说，他其实没有丝毫证据。仅仅因为一句“大疑者尚存”，这样类似“莫须有”的怀疑，就要赶走狄青。

随后他接着建议：“陛下幸爱青，不如出之，以全其终。”

此外，殿中侍御史吕景初也不断对狄青进行弹劾，要求执政大臣们早点将狄青贬出朝廷。吕景初比刘敞更高明，懂得制造恐慌。他表示，他夜观天象，发现天象非常可怕，另有妖人散布谣言，朝廷非常危险。而化解的办法呢，就是罢免狄青。

这些言论一出，非但仁宗一笑了之，就连当时文官集团内部的执政大臣文彦博都不认可，表示：“狄青忠谨有素，这些言论都是小人造谣，不用放在心上。”

但刘敞、吕景初并不气馁，继续憋大招。同时更多的文官也纷纷加入战场，其中最具有代表性也最具有战斗力的是右正言欧阳修。

对此，文采斐然的欧阳修前后洋洋洒洒地三次上疏，分别是《上仁宗乞罢狄青枢密之任》《上仁宗论水灾》第一状和《上仁宗论水灾》第二状。从这三个标题中，我们就能看出欧阳修这是直接向狄青开炮，并且其内容打击范围相当广。

在第一封上疏里，欧阳修既否定狄青所立战功，“捕贼广西，又薄立劳效”“如青之所为，尚未得古之名将一二”；也不认可狄青本人，“则青一常才，未有显过”“青本武人，不知进退”。总而言之，狄青不过如此。

同时，欧阳修更是将狄青当作北宋政权安全的威胁。他希望皇帝能“深思远虑，戒前世祸乱之迹……罢青机务，与一外藩，以此观青去就之际心迹如何……事权既去，流议渐消，则其诚节可明，可以永保终始。”

最后也是同刘敞一个套路，借着保全狄青、为狄青好的名义，从而达到赶走狄青的真实目的。

而此后的两封《上仁宗论水灾》，则是对前一封的具体补充。大概欧阳修也自觉前一封过于捕风捉影，虚无缥缈。于是拿当时发生的一场“冲溺奔逃，号呼昼夜，人畜死者，不知其数”的特大水灾来做论据。

欧阳修认为“至于水者，阴也。兵亦阴也，武臣亦阴也。此类推而易见者”。也就是说，最近发生的特大水灾，很明显就是狄青害的。另外他还认为军人都是小人，而小人一旦掌权，就一定会谋反。

说来说去，无非就是眼前我们应当果断罢免枢密使狄青。

眼见欧阳修的进攻如此强悍，憋着大招的刘敞、吕景初二人也不差。

在刘敞的推广下，一些坊间离谱的流言更加甚嚣尘上。像什么狄青的府邸里有火光冲天，还有怪光涌现；此外，连狄青家里的狗都开始长出角来。如此种种怪象层出不穷，而这些也无一例外都是狄青即将发动兵变，从而推翻朝廷的征兆，唬得人们是一愣一愣的。

吕景初更是直接质疑并逼问之前认为狄青“忠谨有素”的文彦博：“大臣宜为朝廷虑，毋牵闾里恩也。”因为他敏锐地发现文彦博和狄青都是汾州人，认为文彦博是因为老乡的关系包庇狄青。

在吕景初如此来势汹汹的逼问下，以及整个文官集团的猜疑审视中，即便是曾经力挺过狄青的文彦博也挡不住如此压力，从而转变了态度，开始通过打压狄青的方式来“自证清白”。而文彦博的转变，也终于成了压死狄青的最后一根稻草，推倒狄青的最后一块多米诺骨牌。

当文彦博也向仁宗皇帝表示应该罢免狄青的时候，仁宗只好说：“狄青，忠臣。”

文彦博便直言不讳地说：“当初太祖皇帝不也是周世宗的忠臣吗？结果呢，有了陈桥兵变。”

面对文官们铺天盖地的参奏，再加上文彦博这最为有力的一击，让向来信任狄青的仁宗皇帝也不由得动摇了。

嘉祐元年（1056 年）八月，仅做了四年枢密使的狄青，遭受了成百上千次攻击。这位堪称是北宋时期受文臣蔑视、中伤、攻击最多的武将，至此终于被免去枢密使一职，改任陈州知州。

当狄青本人找到文彦博，询问他到底为什么被外放时，文彦博直视着狄青，又简短精准地给予了狄青最后一击：“无他，朝廷疑尔。”吓得狄青当场连退数步。

满心恐惧的狄青就此离开京城，可文官集团仍不放心，这时候又是文彦博给出了持续抑制狄青的办法：朝廷每月两次派出使者前往陈州，表面慰问狄青，实则监视狄青。

这使得原本就惊恐的狄青更加不安。每逢使者到来，他都惊疑不定，不知道什么时候就会大难临头。在这样的恐惧、忧虑和惊惶之中，不过半年，曾经在沙场纵横驰骋数十年的狄青在病榻上抑郁长逝。

这也能看出，当初刘敞、欧阳修等人所说的什么“不如出之，以全其终”“事权既去，流议渐消，则其诚节可明，可以永保终始”全是骗人的鬼话。在这种复杂又恐怖的政治游戏里，就没有退出还能保全性命的游戏规则。

听到狄青的死讯，整个文官集团都不由松了口气，仁宗则当即“帝发哀，赠中令，谥武襄”，在禁苑中为狄青举哀，并赐予“武襄”的谥号，一时间狄青哀荣备至。

四

在某种意义上，这种哀荣反而使得狄青更加不幸。

我们回望整个宋朝历史，就会发现在狄青之前有曹利用，在狄青之后有岳飞，他们都是战功赫赫的一代名将，却都遭遇了相同的不幸。

曹利用、岳飞二人还有个性张狂飞扬的一面，如果说曹利用是“性悍梗少通”，岳飞则是“忠愤激烈，议论持正，不挫于人”，他们尚且还有被文官集团“正当怀疑并攻击”的地方。而狄青，则可以说是一个更温和的岳飞。他和岳飞一样能征善战，却比岳飞更平静，也更敦厚，他甚至近乎完美地做到了“仁厚清廉、雍容退让”，从不暴躁，从不抗争。

即便如此，他仍旧没法以他的“仁厚清廉、雍容退让”，来“释天子之猜疑，消相臣之倾妒”，仍然遭到文官集团不死不休的集体攻击。

此外，当初足够“张狂”的曹利用、岳飞二人之死，尚且还有翻案之日。曹利用之死是“死非其罪，天下冤之”；岳飞之死亦是“天下冤之，闻者流涕”，都留有了翻案的可能性。而狄青之死呢，因为他足够柔软、足够平静，就只能如此冤死，再也没法翻案。是啊，谁让你连死也死得这么平静又委屈，窝囊又体面？

如果说岳飞之死是搅得风起云涌、掀起惊涛骇浪的死，那么狄青之死则是波澜不惊、冷月无声的死，连小水花都不曾激起一片。

同时，狄青之死也不像岳飞之死，能够找到一个像秦桧、张俊那样直接或间接的凶手。

因为狄青是死于北宋严重“重文轻武”已到畸形程度的特定制度。

当初之所以制定如此制度，是因为太祖皇帝本人忌惮武将。可演变到这个时候，却渐渐呈现出了“皇帝不急文臣急”的闹剧。文官集团对武将的各种防范和猜疑，甚至远远超过了最应该防范和猜疑的皇帝本人。

狄青之死，实际上是因为文官集团主导的集体猎杀。因为在场的人都是猎人，都是凶手。也就导致根本就没有猎人，也没有凶手，没法翻案。

当然了，这个过程中，我们也应该注意到，也有个别文官能够跨越文武立场的对立，发掘并认识到狄青的价值和品质，这也是非常难得和可贵的。

在狄青的整个成长过程中，尹洙有举荐之德，范仲淹有教导之恩，庞籍有保举之义，孙沔、余靖则有合作之情，等等。然而这些人也都有一个共性，他们都不是传统意义上高高在上、只会舞文弄墨的文人，而是都曾到边境一线，亲自面对并处理过实际事务和战事。正是因为他们对边境的战事有相当深入的了解，所以才明白打出这等战绩的狄青到底有多厉害，也才能对狄青给予应有的认可。

像孙沔和余靖，就是典型的例子，他们亲自近距离见证过侬智高的凶悍，对狄青才由最初的不服到心悦诚服。至于一直在后方的欧阳修，则轻飘飘地认为狄青没啥了不起，不过是“薄立劳效”。

而他们所谓的狄青“薄立劳效”“小有成劳”，却又让欧阳修等人如临大敌，“防之若敌国也”。

由文臣各种猜疑、逼迫所造成的狄青之死，其实对大宋也影响深远。

一是意味着大宋的军人将永远没有出头之日。因为无论你如何忠诚、善战、低调，甚至得到皇帝信任、军民拥护，都不好使。这导致几乎没有人再愿意投身于军旅，朝廷成了一个培养大量庸才的温床。

二是给后来的文官们上了一课，对待这样的武人，到底应该采取怎样的办法。哪怕再杰出的武将，也能被轻易扼杀，使得朝廷成了绞杀名将的刑场。

对此，清代史学家昭梿在《啸亭杂录》中感叹说：“有宋一代，武臣寥寥，惟狄武襄立功广南，稍有生色……乃欧阳公露章劾之，至恐其有他心，岂人臣为国爱惜人材之道？狄公终以忧愤而卒。其后贼桧得以诬陷武穆者，亦袭欧阳之故智也。”

当下一个岳飞之死发生后，整个大宋将永久地陷入孱弱无力、偏安一隅的困境。

至于那些武将最后的豪迈雄风，只能被郁郁不得志的辛弃疾收进他的词里，看他“醉里挑灯看剑，梦回吹角连营”，听他“我最怜君中宵舞，道男儿到死心如铁”，从而为这文弱的大宋唱响最后一曲充满刚强之气的慷慨挽歌。

于谦

——又一场冤杀功臣的戏码

一

“忠心义烈，与日月争光”，这是《明史》对于谦的评价，在长达270多年的大明历史长河中，能与日月争光者，只有他一人。

于谦究竟凭什么能获得如此高的评价？

1449年的夏天，明朝第六任皇帝英宗朱祁镇带兵亲征蒙古瓦剌，两军在土木堡相遇，战争不似小皇帝想象中的那么简单。由于太监王振瞎指挥，明军一触即溃，20万精锐尽陷土木堡，连皇帝自己都当了俘虏。

土木堡距离北京约100公里，瓦剌大胜后趁势直逼北京，当时京城守备空虚，无将无兵，朝廷上下一时人人自危，迁都南逃的呼声甚嚣尘上。这一幕不禁让人回想起300多年前的宋朝。1127年，宋靖康二年，北方的女真铁骑渡过黄河，兵临汴京，宋钦宗被吓破胆，率众

于谦像 浙江省博物馆藏

于谦（1398—1457），原名于忠肃，字廷益，浙江钱塘（今杭州市）人，出身于仕宦世家，自幼聪颖过人，23 岁考中进士，历任御史、巡抚、兵部侍郎、兵部尚书等职，加封太子少保。他为官清廉刚直，土木堡之变后，力排南迁之议，亲自率师击退瓦剌兵，打赢北京保卫战，使明王朝转危为安，后因“谋逆”罪被冤杀，是明朝著名的政治家、军事家，与岳飞、张煌言并称“西湖三杰”。

臣投降。后来的事大家都知道了，大宋二帝被俘，臣民尽陷，半壁江山沦亡。

300 年后的大明也被外敌逼到了悬崖边上，但是，大明最终没有和宋朝一样束戈卷甲拱手而降，反而大败瓦剌军，重振江山，因为明朝多了一个人——于谦。

关键时刻，是于谦站出来主导了北京保卫战，击退了瓦剌来犯，挽狂澜于既倒，扶大厦之将倾，于谦凭一己之力为大明王朝续命 200 年。

可谁都料不到，仅仅 8 年之后，立下不世之功的于谦就因“莫须有”的罪名被斩首于市，这是岳飞死去 315 年后，这片土地上再次上演的一场大戏——冤杀功臣。

千百年来，冤杀功臣仿佛是一个现成的剧本，在历朝历代不断上演，而每一次，也都展示出绝不雷同的众生相。

二

搞冤案难，主要难在罗织罪名。当年赵构要杀岳飞，实在找不到理由，最后秦桧创造性地编出一个理由：“虽不明，其事体莫须有。”实在找不到借口了，岳飞大概、可能、也许是有罪的吧。

而于谦这个人更是“难对付”，朝廷岂止找不到他犯罪的证据，用现在的标准来看，这就是个圣人。

于谦为官多年，一向以清廉著称，从不敛财受贿，压榨百姓，以至于当了十几年的高官却连送礼的钱都没有。正统年间，大太监王振

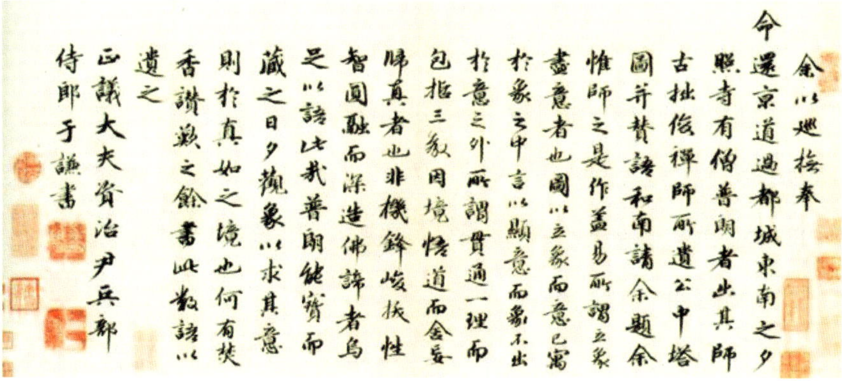

《题公中塔图赞》【明】于谦 纸本 行楷 北京故宫博物院藏

这幅书法作品是于谦应北京夕照寺僧普朗之请，为其师古拙俊禅师遗留的《公中塔图并赞语》所作题记，全文如下：

余以巡抚奉命还京，道过都城东南之夕照寺。有僧普朗者，出其师古拙俊禅师所遗《公中塔图并赞语》，和南请余题。余惟师之是作，盖《易》所谓“立象尽意”者也。图以立象，而意已寓于象之中；言以显意，而象不出于意之外。所谓贯通一理而包括三教，因境悟道而舍妄归真者也。非机锋峻拔，性智圆融，而深造佛谛者乌足以语此哉？普朗能宝而藏之，日夕观象，以求其意，则于真如之境也何有？焚香赞叹之余，书此数语以遗之。正议大夫资治尹兵部侍郎于谦书。

作为明代的名臣，于谦一生对国家忠诚，尽职尽责。他的书法作品不仅展现了他对艺术“立象尽意”的深刻理解，也反映了他对于真理和道德的不懈追求。“舍妄归真”这几个字，更是体现了于谦的高尚品格和人生哲学。他看淡得失，平素俭约，两袖清风，清廉为政，这些特质都使他在明朝的官场中独树一帜。

权倾朝野肆无忌惮地招权纳贿，许多赴京官员都给王振送礼行贿，可于谦从来都是两手空空。一方面于谦硬骨头，不献媚巴结，另一方面他确实拿不出钱送礼，当时身边的人还劝他说，就算送不起钱，地方的土特产，香菇、丝绢之类的，您多少也搞点啊。可于谦挥笔写下："绢帕蘑菇与线香，本资民用反为殃。清风两袖朝天去，免得闾阎话短长。""两袖清风"这个词就是这么来的。

于谦也从来不居功自傲，反而低调谦恭，成功保卫北京后，他因功勋卓著，深受皇帝信任，可即便如此，他依然住在一处仅能遮风避雨的旧房中。皇帝念他劳苦功高，要赏赐一座府邸给他，于谦却说："国家多难，臣子何敢自安。"坚决推辞不受。

于谦 23 岁进士及第，32 岁升为兵部右侍郎，巡抚河南、山西，共历 19 年之久，50 岁时担任兵部左侍郎。尽管他有多年的官宦生涯，可到死被抄家的时候居然家无余财，抄家的人都惊呆了。这是兵部侍郎的家？堂堂高官家中竟如此清贫？当他们终于翻箱倒柜找到一个箱子时，更是震惊不已，里面仅有皇帝赏赐的蟒袍、诏书等寥寥数物，这些都是朝廷为表彰于谦的功绩，特意赏赐的最高荣誉勋章。

这样的人，你从哪找他的毛病？

三

自古忠臣良将就怕罗织罪名的奸臣小人！有个叫徐有贞的就跳出来了，他也是于谦冤案的主谋之一。当年土木堡之变后，朝廷上下人人自危，好多人都有南逃的想法，可毕竟逃跑这种事不便明说，但徐有贞就脸皮厚，张口就给大明朝算了一卦："天命已去，惟南迁可以纾难。"

在古代，卜卦这东西是很能唬人的，徐有贞的一番言论引得不少人支持。但关键时刻，于谦站了出来："提议南迁的人应当斩首！"于谦力排众议，坚决抗敌，并最终率众打赢了北京保卫战。京城守住了，大明天命还在，这下徐有贞就尴尬了，作为曾经的逃跑派，他备受羞辱，多年在朝野抬不起头。

八年之后，徐有贞看准机会，拥立当年被俘归来的太上皇朱祁镇夺门复位，一举成为内阁首辅。大权在握的徐有贞把于谦当作他的头号打击目标，极力煽动新皇帝杀掉于谦，皇帝摇摇头说："于谦确实有功啊。"徐有贞再次非常无耻地说："不杀于谦，此举（夺门）为无名。"

可是用什么罪名杀于谦呢？皇帝也头疼。徐有贞创造性地说出一句千古名言："虽无显迹，意有之。"

徐有贞一党传神地将其浓缩为两个字：意欲。熟悉的味道，熟悉的配方——秦桧杀岳飞是三个字："莫须有"；徐有贞杀于谦是两个字："意欲"。

四

但谁都知道，"意欲"不好服众，擅杀功臣这种事容易遭人诟病，要杀于谦，还得要具体的罪名。

轮到第二伙人出场了，准确地说是两个人。第一个人叫石亨，武将出身，朱祁镇夺门事变的主要协助者之一，也是于谦冤案的主谋之一。说起来，于谦曾经还有恩于石亨，土木堡之变时，石亨就是随军将领，面对瓦剌军狰狞的屠刀，皇帝被俘，几十万同僚、士兵被困，生死未卜，石亨单骑单人逃了回来。

石亨的逃回是耻辱的，这也导致他一度被人看不起，可即使如此，在北京保卫战时，于谦还是力排众议，举荐石亨掌管五军大营，晋升他为右都督，给予相当的军权和信任。北京一战，在于谦的统一指挥下，石亨复仇成功，击溃瓦剌。战后封赏时，石亨被封为武清侯，担任提督，充任总兵，一时间风光无两，成为大赢家。而作为最大功臣的于谦，仅仅得了个少保的虚名。石亨心头不安，便举荐于谦的儿子当官，可没想到于谦却说："国家多事，臣子义不得顾私恩。且亨位大将，不闻举一幽隐，拔一行伍微贱，以裨军国，而独荐臣子，于公议得乎？臣于军功，力杜侥幸，决不敢以子滥功。"

在于谦看来，石亨身为大将，保举私人，而不提拔有功士兵，我于谦绝对不用儿子来冒功。高尚如于谦，磊落也如于谦，可石亨却理解不了，他只觉得眼前这个人不识好歹，而于谦的高尚又衬托出他的卑劣，既然不是一路人，那就休怪我心狠手辣了。

五

再说一人，萧维祯。此人时任都御史，主要负责监察百官、辨明冤枉、维护朝廷纲纪。按理说，于谦平素的为人、品行如何，这帮人是最清楚的。可有时候，正是这些最以道德自居的人，却干出最龌龊的事来。当时夺门之变是震动朝野的大事，徐有贞、石亨、曹吉祥都是事变的主要参与者，凭借拥立之功大受封赏。还有些没参与的，如萧维祯之流，如何能享受到最后的政治红利？那就依附徐有贞、石亨。前者要对付于谦，后者想投机上位，二者一拍即合。于是萧维祯便成了于谦案的主审官，当皇帝头疼找不到冤杀于谦的突破口时，他跟石亨大笔一挥，以谋逆为由，判处于谦死罪！

如何个谋逆法呢？他们诬陷于谦曾有“更东宫，迎襄王”之举。这是个极为严厉的指控，可谓非常阴毒。一是罪名重，二是煽动性强，尤其容易煽动皇帝，事实上朱祁镇一听到于谦还想迎立藩王，立马就急眼了，你于谦不让我复位就算了，还不想让我儿子当皇帝？杀了吧。

景泰八年（1457 年）正月二十二日，于谦被押往北京崇文门外，这座他曾拼死保卫的城池，这个他用尽一生奉献的国家，给了他最后的结局——斩决。

于谦被斩后，抄家没籍，子女被充军戍边。电影《新龙门客栈》里周淮安拼死相救的忠臣子女，就是以于谦的遗孤作为原型的。许多年过去，仍然“天下冤之，闻者流涕”。

六

于谦是死了，可故事还远远没有结束，有人就很敏锐地看到了他的死还有剩余价值可以榨取。《明史》上说：“一时希旨取宠者，率以谦为口实。”何意呢？谁想借机上位、巴结皇帝，踩于谦就行了，当时的朝堂打于谦、骂于谦就是政治正确。

比如有个叫吾豫的人，此人官职不大，只是遂溪县教谕，可他的心却挺狠。他明白皇帝恶心于谦，所以看准机会给朝廷上书：谦罪当族！这个吾豫跟于谦一无仇二无怨，为了一点点政治利益，竟想灭了于家满门。人心之恶，竟至如此地步！

不仅如此，吾豫还说，于谦荐举的诸文武大臣应一并诛杀。不得不说，这是个相当恶毒又愚蠢的想法，仅北京保卫战一役，于谦提拔举荐的文武何以计数？杀得过来吗？别的不说，就连搞冤案的头子石亨本人都是于谦推荐上来的，你吾豫想干吗？所以这条恶毒的建议自然没有通过。

还有个叫白琦的千户，看到于谦一案有利可图，也向领导建言献策：于谦人是死了，名声也得被搞臭，所谓“请榜其罪，镂板示天下”。即用雕版印刷出来，做成小册子分发天下，让全国老百姓一起朝于谦吐口水，彻底把于谦打倒。

七

那有没有为于谦鸣冤的呢？

也有。比如当朝皇太后孙太后。这个女人历经土木堡之变、北京保卫战，在国家危亡之际力挽狂澜，稳定政局，是坚定的主战派，北京保卫战的背后支持者。她深知于谦的为人，照理说，只要有她的支持，于谦怎么也不会被冤杀，可徐有贞、朱祁镇非常狡猾地封锁了要杀于谦的消息。

直到于谦被斩决许久后孙太后才得知此事，可为时已晚，孙太后流了许多天的眼泪，最后送别于谦。《明史》说：“皇太后初不知谦死，比闻，嗟悼累日。”

除了孙太后，再说两个人。一个叫朵儿的指挥使，大太监曹吉祥的部下，他可能是个不知名的小人物，甚至可能都不是汉人。他的上司曹吉祥就是于谦冤案的主谋之一。于谦死后，满朝上下都站到了徐有贞、石亨一队，猛踩于谦，可这个朵儿却跑到于谦死的地方祭拜，一边喝酒，一边号啕大哭。

此举惹得曹吉祥暴怒，给朵儿一顿暴揍，可朵儿第二天依然去祭拜于谦！史书记载就到这里，朵儿后来怎样了，我们不得而知，但连续两天跟大太监对着干，朵儿的结局大概不会太好。

但又怎么样呢，浩浩《明史》记载了多少帝王将相，可仍然留下了于谦的名字，以及他所代表的正义。

八

还有个人叫陈逵，如果说朵儿祭拜于谦是勇敢的话，那陈逵就是豁出去了。朵儿只是个小小的指挥，陈逵却官至同知都督，从二品。有时候光脚的不怕穿鞋的固然英勇，但有鞋的敢于扔掉鞋更是不易。朝政波谲云诡，明眼人都知道“踩于谦”是一本万利的事，再不济只要保持缄默至少不会波及自己。

可要是胆敢为于谦说话，那是什么后果？连遂溪县的教谕都明白的事，作为朝廷高官，目睹了于谦从下狱、受审、斩决的陈逵岂能不知？可陈逵最终选择了良心。史书说他：感谦忠义，收遗骸殡之。

当没人敢为于谦说话时，陈逵感念于谦的忠义，毅然站出来为于

镇河铁犀

铁犀背上文字拓片

镇河铁犀在河南省开封市铁牛村，为正统十一年（1446 年）河南巡抚于谦为镇降黄河洪水灾害而建。铁犀浑身乌黑，面向黄河而卧，背上铸有于谦撰写的《镇河铁犀铭》及落款：

百炼玄金，溶为金液。变幻灵犀，雄威赫奕。填御堤防，波涛永息。安若泰山，固如磐石。水怪潜形，冯夷敛迹，城府坚完，民无垫溺。雨顺风调，男耕女织。四时循序，百神效职。亿万闾阎，措之衽席。惟天之庥，惟帝之力。尔亦有庸，传之无极。正统十一年岁在丙寅五月吉旦浙人于谦识。

此铭显示出于谦一心为国为民的品质。他忧虑国家安危，关心百姓的福祉，对治理黄河水患一事尽职尽责。正如他在《石灰吟》中写道：“粉骨碎身浑不怕，要留清白在人间。”于谦死后，开封人民在铁犀旁边建立了一座“庇民祠”，供奉于谦，后称于公祠，表达对这位明朝名臣的深深敬仰和怀念之情。

谦收尸，装殓遗骨。几年后，于谦后人将其遗体归葬杭州西湖边的三台山（在今杭州市西湖区）。

300 多年前，岳飞的尸骨也葬在杭州西湖边。青山有幸埋忠骨，巧合的是，岳飞曾被封为少保，于谦也官至少保，世称于少保，两位少保，合眠此处。就连死后的情形都大致相同，岳飞被杀后，史书留下八个字：天下冤之，闻者流涕。于谦被杀当天的情形，《明史》也留下八个字：阴霾四合，天下冤之。

但于谦又和岳飞不同，他死得冤屈，也死得平静，他没有像岳飞那样留下那震撼人心的“天日昭昭”的呼号，被下狱后，有人劝于谦为自己辩解一下，他说“亨等意耳，辩何益”，大概他早就看透了吧。

而讽刺的是，于谦被杀后不到一年，石亨、徐有贞、曹吉祥之流纷纷倒台，他们或谋反，或贪赃，或结党。曾经被朱祁镇倚重的夺门党将整个朝廷搞得乌烟瘴气，一度连边境都无将可用。当瓦剌军队再次来袭时，才有人对朱祁镇说：“使于谦在，当不令寇至此。”皇帝默然。

1465 年，明宪宗朱见深继位后就给于谦平反：“当国家之多难，保社稷以无虞，惟公道之独持，为权奸所并嫉。在先帝已知其枉，而朕心实怜其忠。”

弘治二年（1489 年），朱祁镇的孙子继位后追封于谦为光禄大夫、柱国、太傅，赐谥号“肃愍”，并下令在于谦的墓前建立祠堂，命名为“旌功”。至此，于谦一案终于盖棺定论，他是个伟大的人、高尚的人，也是个照亮历史的人。

在这面历史的照妖镜下，那些诬他、害他、枉他、恨他，还有那些尊他、帮他、信他、念他的人，以不同的面目展示在世人面前。

戚家军
——“明朝岳家军”的兴衰史

万众一心兮，泰山可撼。

惟忠与义兮，气冲斗牛。

……

上报天子兮，下救黔首。

杀尽倭奴兮，觅个封侯！

——《凯歌》

一

这首《凯歌》是明代抗倭名将戚继光所作，在嘉靖四十一年（1562 年）八月的横屿之战后，成为戚家军的一首军歌，被广为传唱。

在横屿之战中，戚家军斩杀倭寇两千六百余人，救回被掳百姓

戚继光画像　山东博物馆藏

戚继光（1528—1588），字元敬，号南塘、孟诸，山东登州（今山东省蓬莱市）人，祖籍濠州定远（今安徽省定远县）。他是明朝著名的抗倭名将，建立戚家军，晚年被调任辽东，长期镇守北方，张居正病逝后又被调往广东，三年后被弹劾罢免归乡，最终在穷困失意中于万历十六年（1588 年）病逝，享年六十一岁。

三千多人，随后又追残寇至兴化、福清一带，数日内连克敌营六十座，歼寇数千人。至此，劫掠、盘踞在福建沿海三年之久的倭寇基本被戚家军全部歼灭。

横屿之战只是戚家军辉煌战绩的一个缩影，“上报天子，下救黔首，杀尽倭奴”，戚家军抗击倭寇、保境安民的功勋彪炳史册，是名副其实的民族英雄。

但少有人知道的是，这支英雄部队的结局却异常凄凉，在戚继光去世后的短短数年间，戚家军就迅速消亡。

几百年前另一支英雄部队岳家军最后的结局是被分化、裁撤，戚家军与其比之，甚至更惨，他们还经历了一场被自己人屠杀的惨剧。

二

戚家军的成军与当时明朝正规军军力孱弱、无力对抗倭寇有关系。《明史·日本传》里记载了一件令人震惊的事：嘉靖三十四年（1555年）六月，一群倭寇从杭州湾登陆。接下来发生的一切简直匪夷所思。

倭寇自登陆后，先后劫掠了淳安、徽州、绩溪、芜湖等地，然后他们一路向北，竟然奔向太平府、进犯江宁镇，侵袭了南京，要知道南京可是大明朝的首都之一。

这群倭寇转战数个省份，奔袭近千里，一路烧杀抢掠，在大明朝境内如入无人之境，直到侵袭南京时才被大批官军合围清缴。

此时距离他们登陆已经过去了八十多天，死在他们手上的明朝军、民多达四千余人，可这群倭寇才不到百人，史载：贼不过六七十人！

六七十名倭寇就能攻袭明朝数个省份，杀死军、民四千多人，这是什么概念？当时南京翰林院的何良俊评价此事说：“夫京城守备不可谓不密，平日诸勋贵骑从呵拥交驰于道，军卒月请粮八万，正为今日尔。今以七十二暴客扣门，即张皇如此，宁不大为朝廷之辱耶？”

大意是说，南京城这帮勋贵军队，平时铺张扬厉，前呼后拥，一个月军粮都要花费八万，现在却被七十二个倭寇暴徒搞得张皇失措，简直就是朝廷的奇耻大辱。

这次事件中明军的无力和倭寇的强悍形成了鲜明对比，这也是当时明、倭力量的直观体现，当时甚至有“明兵数万之众，贼常以矛走之”的说法。

当然，明弱倭强的原因是多方面的，如倭寇的装备优良，多年的战斗经验加持，失意武人、流寇们的自杀式勇武；明军的腐败、海禁政策、武备不修，以及历年抗倭失败后明朝军民的恐倭之心等因素。

在这种情况下，戚继光和戚家军正式登上了历史舞台。

三

嘉靖三十八年（1559 年）九月，戚继光来到浙江义乌招募新兵。

一次，义乌本地人和外地人在争夺本地矿产时大打出手，此事过后，义乌人勇武好强、打架凶猛、不怕死的名声就传到了戚继光耳中。后来他在《练乌伤兵议》中就说：“闻义乌露金穴括徒，递陈兵于疆邑，人奋荆棘御之，暴骨盈野，其气敌忾……及今简练训习，即一旅可当三军，何患无兵？”

戚继光在义乌招募了三千新兵，后来觉得良才难得，又违规扩招一千，这四千人就组成了最初的戚家军，后来戚继光又增募过一次，戚家军的人数维持在六千人左右。这支主要由义乌人组成的戚家军，在经过戚继光的严格训练后，果然成为“一旅可当三军”的王牌部队。

比如台州之战，戚家军九战九捷，以牺牲少量士卒的代价歼灭倭寇三千多人，拯救了无数父老乡亲。还比如林墩之战，戚家军歼敌四千余人，救出被掳的男女两千余人。

还有嘉靖四十二年（1563 年），戚家军在平海卫、仙游、王仓坪、蔡丕岭四战四胜，斩杀、击溃倭寇两万余人。仙游之战胜利后，戚继光的上司谭纶上奏称：“盖自东南用兵以来，军威未有若此之震，军功未有若此之奇者也。”

自嘉靖四十年（1561 年）新河之战开始，短短十年时间，戚家军转战浙、闵、赣、粤等地，历经大小八十余战，未尝一败，仅用十年时间就荡平了侵扰大明朝近百年的倭患。

四

东南沿海的倭患平息后，戚家军又继续为大明朝发光发热，他们中的一部分留守浙、闵、粤等地，守卫海防和地方。另一部分则跟随戚继光来到北方蓟辽地区，卫国戍边，开启了戚家军的后时代。这次他们的对手是北方的鞑靼。

明朝的北部边患一直很严重，被朱元璋赶回老家的蒙古人从大明建国伊始就不断滋扰中原地区，早期在朱元璋、朱棣的接连打击下，他们尚未对明朝形成足够威胁。

可后来由于朝政腐败，政策失当，明廷边防松弛，到了嘉靖年间，来自北方的威胁甚至比倭寇还要大，最为典型的就是发生在嘉靖二十九年（1550年）的庚戌之变。

这一年，成吉思汗的十七世孙——土默特部的俺答汗率军进犯大同，离谱的是，面对敌人来犯，大同府总兵仇鸾不是整兵迎敌，而是花钱贿赂俺答汗，请求他勿攻大同，移攻他处！

收了贿赂的俺答汗转而攻古北口，沿途明朝的官兵要么怯敌不战，要么一触即溃。俺答汗一路势如破竹，直逼北京，朝野震动。遥想大明朝上一次首都告急，还是一百年前土木堡之变后瓦剌进犯北京之时，当时尚有于谦力挽狂澜，可大明朝现在有谁呢？

有严嵩。

面对来敌，严嵩说了这样的名言："抢食贼耳，不足患。"意思是只要他们抢够了，吃饱了，自然就退兵了。因此，在严嵩的授意下，兵部尚书丁汝夔下令诸将闭营不战，任由蒙古人掳掠。

蒙古人就此在北京周郊纵马焚掠八天，整个庚戌事变期间，各州诸县上报被劫掠的人畜超过了二百万，蒙古人甚至一度滋扰到老朱家位于昌平的皇陵。最终，吃了个大饱的俺答汗在得到明廷同意开放边境通贡互市的承诺后，才退兵离去。

当时明朝北部的边患大抵如此，凭借骑兵的高机动性，蒙古人差不多年年都要在边境烧杀掳掠，百姓苦不堪言，而明朝朝政腐败，官军畏敌，几乎时时都处于被动。有的官军对抗外敌无能，欺负老百姓却有一手，甚至乘乱纵兵劫掠百姓，一度有"民苦之甚于虏"的说法。

直到戚继光和戚家军的到来，这一局面才出现逆转。

五

隆庆元年（1567年），为加强北边蓟镇的防务，朝廷调戚继光为蓟州神机营副将。第二年，又升戚继光为蓟州总官兵，节制诸镇。

一开始南方的戚家军并没有随戚继光应征北调，谭纶和戚继光到任后发现北部边军的战斗力低下，实在不足以御敌戍边，所以才征调了一批浙江兵驻北，人数约三千。

这三千浙江兵，既有重新招募的，也有戚继光原来的老部下，如楼大有、胡守仁等将领，他们组成了新的戚家军，后来又陆陆续续扩充了一些人员，他们驻边的主要任务有两个：练兵和修长城。

之前北兵军事素养差的一大原因就是军纪涣散，武备废弛。戚家军到防后，令行禁止，无论寒暑日日练兵不辍，勤于防务，严禁扰民，钢铁般的纪律让北兵骇然。就像鲶鱼效应一样，有了南兵的榜样和示范，北兵也在戚继光的调教下学习戚家军的军规军纪、练兵之法，并配备了更加先进的火器、车营，很快南、北兵就合力形成了一支足以御敌的边防军。

典型的就是隆庆二年（1568年）、万历元年（1573年）、万历三年（1575年），蒙古朵颜部的董狐狸等人数次率众来犯，明军一改往日的被动挨打局面，三次都击败了鞑靼的进攻，而且还活捉了董狐狸的弟弟，董狐狸不得已率亲族三百人叩首请罪，发誓不再侵犯明境。

除了练兵迎敌，有戚家军加持的蓟州边兵做的另外一件事就是修筑长城。

嘉靖年间，明长城由于年久失修，边墙垮塌、颓废较多，自隆庆三年（1569 年）起，戚继光便率兵启动了新一轮的长城整修工程，戚家军与当地边军共十多万人合力，数年间修建了千余座用于御敌的空心台，并大规模加筑、加高了蓟昌沿线的城墙。

戚继光还特别重视长城的质量，规定所有墙砖的制作、修建、督管人都要留名可查。河北滦平出土的明代石碑正是当年修建长城的见证。碑文大致内容为：隆庆三年，蓟辽总督谭纶、顺天巡抚刘应节、监察御史房楠、蓟州总兵戚继光等十多名文武官员督工修建长城。碑文上记录了调度、管修、营建的官员职务和名字。

戚家军不仅全力参与了整个蓟州长城的修建，同时还编入长城守兵进行训练，极大地加强了边军的战斗力。

明军甚至还主动出击，万历七年（1579 年）、万历八年（1580 年），鞑靼伯彦等部数万人两次进犯辽东，戚继光率明军在山海关外设下伏兵，与辽东总兵李成梁紧密配合，大败鞑靼。

而鞑靼为什么进攻辽东呢?《明史》留下几个字：蓟门守甚固，敌无由入，尽转而之辽。也就是说因为蓟州固若金汤，敌无孔可入。

在戚继光到来之前，蒙古人连年进犯蓟州，百姓苦不堪言。然而，在他和戚家军坐镇蓟州的十六年间，蓟州几乎没有发生大的战事。

《明史·戚继光传》说“边备修饬，蓟门宴然。继之者踵其成法，数十年得无事”，这是戚继光和戚家军守卫北疆的最大战功。

而戚家军军纪十分严格，从不滋扰百姓，以至于戚继光离任时，百姓纷纷请愿挽留，哭声连天。明代诗人陈第有诗赞曰：

【明】题名鼎建碑 汉白玉石材 河北省滦平县出土

此碑文记载了戚继光督工修建长城相关防御工程的情况，所刻内容包括竣工时间，参与工程的人员姓名、籍贯、职务及权责。碑文内容为：

隆庆三年季秋之吉，总督蓟辽保定等处军务兼理粮饷、兵部左侍郎兼都察院右佥都御史（宜黄）谭纶，整饬蓟州等处边备兼巡抚顺天等府地方都察院右佥都御史（潍县）刘应节，巡按直隶监察御史（汝阳）房楠，整饬密云等处兵备、山东布政司右参政兼按察司副使（太仓）凌云翼，总理练兵兼镇守蓟州等处地方总兵官、中军都督府右都督（凤阳）戚继光，协守西路副总兵官（鄱阳）李超，曹家寨游击将军（平原）王旌，大宁都司领秋班（金山）林栋，管工（霸州）同知王建，（通州）右卫经历孟思宪，千总（寿州）沈炤，把总（江陵）印璋。鼎建。

隆庆二年（1568 年）末、隆庆三年（1569 年）初，戚继光、谭纶分别向朝廷上书，请建空心台，“御戎之策，惟战守二端”，“以战则必胜，以守则必固”。之后戚继光开始筑台修墙，建造防御工程，以长城为屏障进行防守，碑文内容与史料记载高度吻合。

辕门遗爱满幽燕，不见胡尘十六年。

谁把旌麾移岭表，黄童白叟哭天边。

六

从嘉靖三十八年（1559 年）成军起，到万历十年（1582 年）戚继光从蓟州离任，二十多年的时间里，戚家军转战南北，为国家、百姓立下赫赫战功。

《明神宗实录》中有八个字——“血战歼倭，壮猷御虏”，就是对这支部队最好的注解。而随着戚继光的去职，戚家军的命运也悄然发生了变化。万历十年，首辅张居正去世被清算，一向和他交往过密的戚继光也受到牵连，被调往广东。

而他倾注毕生心血的戚家军也没好到哪去。戚继光离开蓟州后，他手下的许多得力将领如陈文良、吴大绩等被调往广州，胡守仁、王如龙等亦遭到罢免。

留守蓟州的戚家军的境遇也大不如前，以前有张居正的支持和戚继光主事，且离家戍边，朝廷给予南兵的饷银、待遇都较为优厚，如今时过境迁，戚家军一度连正常军饷都领不到，甚至还发生过数次讨薪事件，这也为日后的悲剧埋下了隐患。当然，在这之前，朝廷还需要这支最强战力的部队，因为老对手又来了。没错，又是日本，这次，更凶也更猛。

1590 年，丰臣秀吉完成了对日本列岛的统一，在他的治下，日本国力、军力都得到了很大提高，野心勃勃的丰臣秀吉便将目光看向了

《徐显卿宦迹图》(局部) 【明】余士、吴钺 北京故宫博物院藏

此图描绘了万历皇帝时期文华殿举行经筵时的情景，展现了文官集团对皇帝的强大影响力。皇帝在经筵中接受文官的教育和辅导，体现了明朝政治权力向文官集团集中。文官集团通过掌握教育、科举等制度，逐渐在政治上占据了主导地位。戚继光作为明朝的武将，也深受儒家文化的影响，对国家忠诚，注重仁义道德。明朝末年，文官与武将对立加剧，戚继光晚年受排挤而逝。文官对武将的不信任和内忧外患加剧，导致明朝衰亡。

朝鲜。按照他的设想，日本最终是要以朝鲜为跳板，征服中国，踏平印度。据说丰臣秀吉的目标就是迁都到中国的北京或宁波。

1592年，丰臣秀吉调动大批日军渡海，正式开始了侵朝战争。

七

日军从釜山、庆州一带登陆，势如破竹，很快就攻占了朝鲜王京汉城与陪都平壤，朝鲜三都（汉城、平壤、开城）失守，八道瓦解，整个半岛几乎全部陷落，日军兵锋甚至直逼明朝边境。身为宗主国，也是为了边境安全，明朝必须派兵援朝。正是这个背景下，戚家军再次跟日本人交上了手。

万历二十年（1592年），朝廷封李如松为东征提督、宋应昌为经略官，发兵四万余人东征援朝，镇守蓟州的一部分戚家军则成了最早入朝的先锋部队，可惜的是此时戚继光已经离世，这次带戚家军赴朝作战的是戚继光的老部下吴惟忠、楼大有、茅国器等人。

当年十月，兵部下令：责令吴惟忠统率南兵、火器手各三千……克日赴义州，同朝鲜兵将协理堵剿。而正是这区区数千南兵，在朝鲜战场大放异彩，一度成为明朝东征军的一面旗帜。

十二月初三，吴惟忠率军渡过鸭绿江。见戚家军军纪严整，朝鲜陪臣郑崐寿当时就说："将官与军卒机械，严肃整齐，有纪有律，以此征进，何患不克。"

万历二十一年（1593年）正月，扭转朝鲜战局的平壤大战打响。战争一开始，日军凭借先进的火绳枪鸟铳固守平壤城，日军强大的火力，给明、朝联军造成了不小的麻烦。

此时，吴惟忠率领的戚家军站了出来。正月初八，攻城命令即下，“南兵不顾生死，一向直前，冒矢入死地”，最先攻上牡丹峰。朝鲜李德馨记载：“提督进围平壤……南将骆尚志、吴惟忠一跃登城，我将亦一齐踊上，倭贼大败，走入土窟。”

“我将亦一齐踊上”，李德馨此言实际上有给朝军贴金的意思。事实上，当时的许多记载，如《朝鲜王朝实录·宣祖实录》《芝山先生文集》，以及不少明将留下的史料都显示：“平壤之战，朝鲜诸将，无敢先登城者。”

而南兵的奋勇也付出了巨大代价，攻入内城的戚家军遭到日军鸟铳的猛烈攻击，“鸟铳铅子飞下如雨，中者无不立毙，有铅子伤胸，血流股踵”。身先士卒的吴惟忠“中铅洞胸，血流腹肿，而犹能奋呼督战”，“骆参将（骆尚志）亦先登入城，跌伤颇重，而极力督战，故管下斩级几至数百”。

整个攻城战斗中，南兵个个英勇奋先。吴惟忠虽被日军火器打中胸口，依然奋力督战。明军最终以阵亡官丁七百多名的代价，斩获倭寇首级1647个，焚毙死者万余，取得了东征以来的第一次大胜仗——平壤大捷。

平壤一战，戚家军的名声响彻朝鲜战场，而与之相对的则是其他明军的些许尴尬，辽东兵的形象尤其不大好，“先是，提督公下令有敢下马取首级者斩”，为的是防止士兵为了争功误事，不用心杀敌，只一心捡人头，这还是战前李如松提督亲自下的令，结果，开打没多久，大家就看到“提督公家丁首级满马项”……

军令不许下马割首级，而李提督的家丁却割了个盆满钵满，挂满马项，而反观南兵则是“律己甚简，初破平壤，诸君争抢倭货，钱世桢独敛军（南兵）不取”。

八

朝鲜战场，戚家军的军威、军纪和战斗力大抵如此，七年的东征抗倭之战，戚家军付出巨大，牺牲巨大，功劳巨大，至今在朝鲜、韩国的史籍中都能看到。

朝鲜金大贤的《悠然堂先生文集》记载：“东征将士律己捡下，以吴惟忠、茅国器（南将）为首……惟忠、国器经过之地，皆竖碑颂德。”朝鲜相臣柳成龙就说：“所谓南兵者，乃浙江地方之兵也，其兵勇锐无比……皆胜于倭。”李好闵在《请兵粮奏文》中也说：“复破此贼（倭寇），非得浙兵不可。”

平壤大捷后，朝鲜战场局势扭转，经过一年多的拉锯战，双方答应暂时议和。议和谈判期间，明军大部队撤离朝鲜。

然而谁都没想到，战事刚结束，英勇善战、在朝鲜战场大放异彩的戚家军就遭到了自己人的沉重打击——蓟州兵变。

《明神宗实录》记载：“万历二十三年十月，己未，防海兵以要挟双粮鼓噪，蓟镇督、抚、道臣擒其倡乱者正法，余党尽驱南还。”

这里的“防海兵”指的是一部分留守海防的戚家军。大意是说，南兵要求领双饷，闹事兵变，结果首恶被正法，剩下的被遣返回南籍。这似乎是说南兵纯粹是自己搞事作乱，被镇压也是理所当然，那么问题就在于，南兵要求领双饷过分吗？是他们贪得无厌，自食其果吗？

事实并非如此。

双饷本就是东征时特设的待遇。东征军的首任经略宋应昌在《经略复国要编》中说："以上各官兵俱系远戍，似宜一视同仁，俱照南兵事例，每名月支粮银一两五钱，行粮盐菜银一两五钱，衣鞋银三钱，犒赏银三钱，共三两六钱，将官、千、把总等官廪给，各于原支数目外，量加一倍，以寓优恤之意。"出国作战的饷银必须加倍。

《朝鲜王朝实录·宣祖实录》也有类似记载："建昌营调南兵三千留养，以备倭之缓急。而十月间，以离家日久，钱粮不给，含忿谋作乱。"说白了，根本原因就是朝廷欠饷，南兵抗议，结果被镇压屠杀。

九

南兵之所以含忿闹事，还有另一个原因，就是朝鲜战事的赏罚不明，酬功不平。《两朝平壤录》记载："平壤南兵撤回时，以王赏不给鼓噪于石门寨。"这里"王赏不给"说的是在平壤大战时，提督李如松为了鼓励士兵，许诺谁先攻入城就"与银三百两，或授以都指挥佥使"。

前文说了，先登者正是南兵骆尚志、吴惟忠等人，而且都身受重伤，吴惟忠被日军鸟铳铅子击中胸口，骆尚志被巨石砸中，钱世桢手下的一个把总，翻越日军营垒时坠伤……他们是当之无愧的首登之功，但战后东征军高层发给朝廷的酬功奏报却成了这样：杨元与戚将军等冒险先登，功居第一。

这个杨元是谁呢？辽左卫人，其父杨四畏曾任开原参将、辽阳副总兵等职，他自己则是李如松手下的副将。换句话说，这是个辽东官二代，也是李如松的人，后来史学家分析，最终把首功给他是为了平衡南、北兵之间的关系，而且也有可能是提督李如松的意思。

可问题是，北兵的表现实在太不堪，钱世桢的《征东实纪》记载："（南兵）遂克其城，时日尚未午，辽左兵犹未至城下。"城都被南兵攻下了，辽东兵还没集结到城下。

更过分的是，李如松甚至还说吴惟忠等人受伤都是作假，气得吴惟忠在朝鲜人面前脱衣证明："李提督乃谓吴某非真中铁丸，必是作假而邀上功，天下俺有此事耶？"

所以在南兵眼里看到的就是，我们在前面流血拼命，结果功劳却成了这帮北兵的，还说我们受伤是假的，这谁心里受得了？

所以当时就有"平壤之捷，先登者各有其人，而归之杨元，则众论不平"的说法，连朝鲜人都看出来了，朝鲜左议政尹斗寿曾报告王上：吴惟忠铁丸正中中心，病势危急，亦为功高，不录于首功，心里怏怏。

朝鲜的柳成龙更是一针见血地指出："提督攻城取胜，全用南军，及其论功之际，北兵居上，以此军情似为乖张！"

杀敌登城全是南兵，论功行赏则成了北兵，南兵心里不忿也在情理之中。

十

欠饷欠薪，赏罚不明，一切的矛盾在万历二十三年（1595年）十月二十日集中爆发。《大司马月峰孙公行状》记载："叛首胡怀德、李无逸等人，索功赏路费，团结于校场者九日，歃盟张帜，掠台攻城……大帅王保剿之，擒斩者仅一百五十余人，乞降释放者三千二百余人。"意思是南兵里胡怀德、李无逸挑头闹事，索要犒赏，他们还联络其他南兵造反，攻打城池，结果被大帅王保剿灭了。

听起来戚家军似乎也是罪有应得，可问题在于就算胡怀德等人真的聚众造反，又有多大规模呢，防海南兵最多不过三千来人，就算全部造反，能打下几座城？而且，就算是处理首恶，镇压叛乱，作为一镇总督，蓟州军方高层完全有正大光明的理由和堂堂正正的手段，可王保居然用诱杀的方式。

《明史·王保传》记载："蓟三协南营兵，戚继光所募也，调攻朝鲜撤还，道石门鼓噪，挟增月饷，王保诱令赴演武场，击之，杀数百人，以反闻。"

诱杀过后，才给戚家军定了个罪名，说他们谋反，这是什么逻辑？这大概也是历史的可怖之处，戚家军到底有没有兵变或许都是两说，极有可能是王保的诬告。

蓟州兵变之后，给事中戴士衡、御史大夫汪以时就弹劾王保说："南兵未尝反，保纵意击杀，请遣官按问。"这里面未必没有政治斗争的味道，但能明言王保"纵意击杀"，肯定不是空穴来风，而巧合的是，处理完蓟州兵变后，王保就以定变之功，升官荫子了。

历史留下很多疑云，王保是如何诱骗戚家军到演武场的，我们已经无法知晓，大概是些安抚、许诺发薪之类的鬼话，戚家军的人马信了，他们不知道在校场等待他们的是自己人的屠刀。毕竟谁能料到刚刚为朝廷抛头颅洒热血的战士会被认为是反贼呢，又如何能想到自己没死在战场，却死在自己人手下呢？

而有关屠杀的人马数量也有争议，《明史·王保传》里说杀了数百人，《两朝平壤录》则说“总兵王保与南兵有小忿，遂以激变耸惑军门，千三百名保尽诱杀之……”，《朝鲜王朝实录·宣祖实录》更是说“杀三千三百余口”，几乎把赴朝作战的戚家军杀了个精光。

具体多少人被杀，我们已不得而知，或许是几十几百名，或许是数千人，剩下的士兵也大多被遣返回原籍。戚继光在任时，蓟州的南兵数量最多时达到了约两万之众，主要来自于招募的义乌兵，戚继光离任后，被调离的调离，被罢免的罢免，数年过去，戚家军的老班底已所剩不多。

遭此屠戮和遣散后，戚家军的精锐更是损失殆尽，也再得不到兵源补充，谁还敢来卖命啊！《两朝平壤录》就说：“人心迄愤惋，故招募鲜有应者。”

这支英雄部队已经名存实亡。

十一

戚家军——或者更确切地说，是浙江兵——最后的挽歌是在蓟州兵变后的二十六年。

大明天启元年（1621年），此时崛起于东北的努尔哈赤已经成了明朝的头号大患。1621年3月，努尔哈赤率军攻占沈阳，明朝三路援军（川、浙、辽）推进至辽宁浑河一带进行救援，双方就此爆发了浑河之战。其中浙军大约有三千人，由戚继光的族侄戚金、浙江兵参将张名世率领，他们之中有蓟州南兵的旧班底，也有新招募的浙江兵，武器、战术、练兵之法也大多沿袭自当年的戚家军。

浑河之战的结果令人痛惜，川、浙、辽三军虽然英勇刚烈，但被努尔哈赤各个击破，明军大败。历史之所以引人深思哀叹，就是因为很多时候它都会出现雷同的剧本。比如浙江军为什么全军覆没，其中一个重要原因竟是遭到了自己人的背叛。

《明史》记载："（浙江兵）被围数匝，副将朱万良、姜弼不救，及围急始前，一战即败走，大清兵尽锐攻浙营……"也就是说，浙江兵被清军重重围困，而朱万良、姜弼等人率领的三万辽东军却在一旁看戏不救，仅仅跟清军接触了一下就逃走了，这才导致腾出手的清军派出全部精锐攻打浙营。

事实上，战前川、浙、辽三军就不和，矛盾频发，川兵和浙兵甚至发生过激烈械斗，以至于战场上各自为营，互不救援。

明军自食苦果，浙江兵的历史也迎来终章。浑河一战，面对强悍的八旗铁骑，《明史》记载这支浙江兵的表现如下："……大清兵尽锐攻浙营。营中用火器，多杀伤。火药尽，短兵接，遂大溃。策先战死，仲揆将奔，金止之，乃还兵斗。力尽矢竭，挥刀杀十七人。大清兵万矢齐发，仲揆与金、名世及都司袁见龙、邓起龙等并死焉。"大意是说，清军精锐尽出，攻打浙营，浙江兵拼到最后一支箭，用尽最后一丝火药，短兵相接之后，童仲揆、戚金、张名世、袁见龙、邓起龙等将领全部战死，浙军几乎全军覆没。

这支自嘉靖三十八年（1559 年）成军，主要由浙江兵组成的戚家军，多年来转战南北，血战歼倭，壮猷御虏，为国为民作出了巨大贡献和牺牲，功勋彪炳史册。

但他们许多人的结局又是那么让人痛惜。戚继光被贬后，落魄回乡，万历十六年（1588 年）在老家凄凉离世，这位抗倭英雄、镇边名将，死前连抓药治病的钱都没有。

朝鲜战事结束后，吴惟忠被封为左军都督府都督佥事，但在万历二十八年（1600 年）因年老被免职回家，隐居山野，卒年不详，《明史》中甚至都没有留下他单独的传记。

蓟州兵变后，戚家军的老班底被屠戮、遣散殆尽。二十多年后的浑河一战，浙军全部壮烈殉国，曾经辉煌的戚家军彻底告别了历史，浙江兵也就此消失在历史的长河中。

袁崇焕

——一半似秦桧，一半似岳飞

一

崇祯二年（1629 年）六月，新任大明朝蓟辽督师不久的广东人袁崇焕，在前往谋杀平辽总兵毛文龙的海上。

曾经力挫后金的袁崇焕，这时候可谓是众望所归，在请他出任蓟辽督师时，一度是“诸臣推毂旧辽抚袁崇焕，几于章满公车，无非为封疆计也”，大家都认为辽东的战事，非袁崇焕不可。

不仅是诸臣，就连崇祯皇帝本人也相当认可，就在崇祯皇帝询问有何平辽方略时，袁崇焕本人就提出了“五年平辽”这样极振奋人心的口号：“愿假以便宜，计五年，全辽可复。”

这宛如画大饼一样的口号，让热切急躁的崇祯本人非但全无疑虑，反倒既惊且喜：“复辽，朕不吝封侯赏。卿努力解天下倒悬，卿子孙亦受其福。”

袁崇焕画像

袁崇焕（1584—1630），字元素，号自如，广东东莞人，是明末抗清将领。他在万历四十七年（1619 年）中进士，天启二年（1622 年）自请守卫辽东，投身到抵御后金、收复辽东的前线，为保卫明朝疆土作出贡献。崇祯三年（1630 年），因朝中非议、嫉恨和崇祯皇帝的猜忌，被崇祯皇帝以谋反罪处死。

一旁的内阁辅臣钱龙锡等，也纷纷上奏表示："崇焕肝胆、意气、识见、方略，种种可嘉，真奇男子也。"

真是一个敢问一个敢答，一个敢答一群人敢夸。在场的兵科给事中许誉卿则明显持怀疑态度，就问具体该如何？谁知袁崇焕竟答："聊以是相慰耳。"

服侍了崇祯近一年，已摸清了皇帝性子的许誉卿大惊失色："上英明，安可漫对。异日按期责效，奈何？"这让袁崇焕像是一个做错事的小学生，顿时"怃然自失"。

既然已经夸下海口，也只得硬着头皮继续往前冲了。于是袁崇焕乘机提出各种需要，对此崇祯也一一答应，甚至赐给袁崇焕尚方宝剑，并将其他人——比如王之臣、满桂等人的尚方宝剑通通收回，确立袁崇焕的主导地位。

崇祯对袁崇焕很信任，但袁崇焕自己心里很没底。他此后再上的奏章里就说："恢复之计，不外臣昔年'以辽人守辽土，以辽土养辽人''守为正著，战为奇著，和为旁著'之说。"也就是说，还是得慢慢筑城、慢慢推进，稳扎稳打，步步为营，尽量守，偶尔战一战，甚至是继续搞和谈。但他给出的许诺却是极端相反的"五年平辽"，即主动彻底消灭后金政权。那明军真有这个实力吗？显然没有，完全是守城有余，进攻无力。

在袁崇焕上任的途中，还有新的问题不断涌现，首先就是前方士兵因被拖欠军饷而哗变。为了稳定军心，袁崇焕请求从速发放山海关内外积欠的军饷银 74 万两，以及太仆寺马价银、抚赏银 4 万两。

可朝廷各部推来推去，包括崇祯皇帝本人也不愿意动用自己的私库内帑。最终，只准发了袁崇焕饷银 30 万两，还不到一半。这里就能看出，皇帝和朝廷固然可以在意志和形式上支持袁崇焕，但一落实到具体的经济上，还是相差甚远。

得到朝廷支持的袁崇焕，眼前固然能将内陆军队收服。但因为有了“五年平辽”这一画地为牢般的操作，使得袁崇焕不得不加速推进一切计划，第一步就是要先集中指挥大权，统一调度。此刻另一支孤悬海上的毛文龙的东江军却仍旧自由自在，鞭长莫及。

对此，急于实现“五年平辽”的袁崇焕决定不惜同室操戈，也要先除掉毛文龙。

二

毛文龙，浙江钱塘人。论起来毛文龙从军比袁崇焕还早，也曾是一位热血青年，当初听说辽东边关危急，便只身入京，秘密走访关外边塞，观察山川形势。此后还参加了辽东的武举考试，并取得了“列名第六”的成绩，正式开始了自己的军事生涯。

天启元年（1621 年），当时的辽东经略熊廷弼和广宁巡抚王化贞相当不合，一个主守，另一个主攻。

主攻的王化贞，就派麾下的毛文龙去搞偷袭。结果带着不到两百名死士的毛文龙，竟成功地夜袭了努尔哈赤的大后方，活捉了努尔哈赤妻弟佟养真，拿下了镇江堡，史称“镇江大捷”。

这一大捷，尽管军事规模很小，但政治意义却很大。这是明金作战以来，明军取得的首次胜利。

主守的熊廷弼对此很不满意，认为这是“目为奇功，乃奇祸尔”。这当然是比较苛责的评价，主要还是针对毛文龙背后的王化贞。

其他人则对毛文龙给予诸多好评，高度评价他为“奇男子”，“以二百人夺镇江，擒逆贼，献之阙下，不费国家一把铁、一束草、一斗粮，立此奇功，真奇侠绝伦，可以寄边事者”。甚至有人假设：“使今有三文龙，奴可擄，辽可复。”

因为镇江地处敌后，又缺乏朝廷支援，尽管一时能拿下，却难以守住。毛文龙只得在天启二年（1622年）十一月撤往皮岛，该岛之所以叫这个古怪的名字，有说是因为毛文龙姓毛，所以取了“皮之不存，毛将焉附”之义来命名。

皮岛的位置相当重要，离朝鲜极近，在鸭绿江以东，所以毛文龙一军也被称为东江军。至于后来在内地由孙承宗、袁崇焕训练的驻军则叫关宁军。相较于关宁军，皮岛上的东江军的优势在于它既能防止后金的骑兵，又能相对容易地偷袭辽东，它的北岸与后金的边界就只相隔八十里。

尽管毛文龙此后多次带兵从海上搞偷袭，但是战果都很一般，乃至多次损兵折将。但毛文龙所给的战报却是各种夸张的“大捷”和“奇功”。在《东江疏揭塘报节抄》里，就能看到毛文龙曾极夸张地虚报说：“职用兵不满一千，而贼死者二万余，贼所恃弓马，今马死者三万余。”

对此，朝廷的头脑还是比较清醒的，认为“文龙灭奴不足，牵奴则有余”，没有将其当作真正的主力。但对于毛文龙在整个战略上的牵制和袭击作用，大家普遍还是承认的。哪怕是天启皇帝在嘉奖毛文龙时，也特地称一声“毛帅”。此外，当时对毛文龙的赞誉之声极高，有人甚至称他为“今日所恃海外长城者”。

同时，毛文龙也是当时袁崇焕的老师孙承宗提出的“以辽人守辽土，以辽土养辽人”的实际践行者，或者说这两人对辽人的态度不谋而合。整个皮岛，吸引了大量的辽人，以至于毛文龙号称自己有部众“三十余万口”。

皮岛之所以对辽人有这样强大的吸引力，一方面固然是因为毛文龙治理得不错，另一方面更是因为当时后金的努尔哈赤和明朝对辽人的态度都相当恶劣。努尔哈赤对辽人既强迫剃发又要大搞拆迁，明朝则把辽人视为奸细和混乱的根源，“残辽流移之氓，混乱窃入内地者，定以奸细论”。这使得接纳辽人的毛文龙能够做大做强，一方面披荆斩棘努力开荒，制造器械；另一方面自行经商，同朝鲜、暹罗、日本等多国贸易，每月可收入白银十万两，基本上实现了自给自足，堪称一方雄镇。

时不时就进行偷袭的毛文龙，令后金的努尔哈赤及其接班人皇太极相当头疼。努尔哈赤的遗令就特地强调：“先抢江东（朝鲜），以除根本之忧，次犯山海关、宁远等城。”接班的皇太极本人同样恶狠狠地表示：“此行非专伐朝鲜也。明毛文龙近彼海岛，倚恃披猖，纳我叛民，故整旅徂征。若朝鲜可取，则并取之。”于是派二贝勒阿敏率三万八旗军发兵朝鲜。

相较而言，曾击败过努尔哈赤的袁崇焕，被后金当作一块难啃的硬骨头，喜欢偷袭的毛文龙则是更容易拿捏的软柿子。

对于后金的强势来袭，朝鲜和毛文龙根本顶不住。对于救不救朝鲜、救不救毛文龙，这无疑是个重要抉择。

身为老大哥的大明朝，认为朝鲜这个小兄弟还是应该救。前线的袁崇焕却不想救："乘敌有事江东，姑以和之说缓之。敌知，则三城已完，战守又在关门四百里外，金汤益固矣。"总之，趁机继续修城才是第一位。可以说，从这里开始，袁崇焕和毛文龙的命运开始有了千丝万缕的联系。

结果在天启皇帝的强行命令之下，实在拖延不过去的袁崇焕，才慢悠悠地派了九千人马前去支援。这时候朝鲜已经与金兵议和投降了。等到确定朝鲜中止与明的军事同盟之后，后金这才心满意足地施施然退兵。

对此，袁崇焕曾经的上司王在晋不无嘲笑地说："乃官军望河而止，此真所谓纸上之兵也。"

此役后方袁崇焕表现得不怎么样，前方毛文龙表现得也很一般。毛文龙倒是带兵出战，但东江军却遭到了金兵的重创，随后毛文龙就果断逃跑。据后金记载，"斩明兵甚众"，"时毛文龙遁往海岛，未能擒获"。朝鲜的记载则是："我国被此兵祸，而渠（毛文龙）不出一兵相救。"

可到了毛文龙自己给朝廷汇报时，老毛病又一次犯了，虚报自己连获"五胜"，其中一次就杀敌"二千三百余名"，在他如此努力的奋战之下，最终迫使后金撤军。

此举堪称是毛文龙煊赫军事生涯的最大污点。这也为日后袁崇焕杀毛文龙埋下了伏笔，他杀毛文龙的一个重要原因便是："奴酋攻破铁山，杀辽人无算，文龙逃窜皮岛，且掩败为功。"

三

此时刚即位且打赢了朝鲜战争的皇太极，不仅树立了自身威望，还解决了朝鲜的后患，终于可以腾出手来，利利索索地收拾袁崇焕了。

天启七年（1627 年），皇太极亲率五万八旗军进犯袁崇焕刚刚修筑好的锦州城，此刻袁崇焕本人还在宁远，锦州的守将是袁崇焕麾下的赵率教。赵率教的打法和此前的“宁远战法”一样，主打就是一个不出城野战，任凭敌军如何攻城，一时半会儿也无法攻陷。

于是皇太极开始分兵，留下一支军队继续围困锦州，自己则率大军扑向宁远。亲守宁远的袁崇焕自己在城上，仍旧是“凭坚城、用大炮”的战略，城下则让总兵满桂、副将祖大寿等名将率骑兵和步兵出城迎敌，但其活动范围始终控制在城上大炮的射程之内。这种炮、骑、步协同的新鲜战法，让皇太极的八旗兵久久攻不进城，于是只能回攻赵率教所在的锦州城，但最终仍旧失败，只得退兵。这一战役一共打了二十四天，明军多次击溃金军的进攻，史称“宁锦大捷”。

这一战，让袁崇焕很兴奋。这意味着，他制定的“筑城深入”的方针是有效的。另外，明朝骑兵的战力也有了显著提升，起码在炮兵的协助下，可以与金人的骑兵交锋了。袁崇焕自己就说：“十年来，尽天下之兵，未尝敢与奴战，合马交锋；今始一刀一枪拼命，不知有夷之凶狠骠悍。”

尽管袁崇焕认为这是“诚数十年未有之武功”，但他将这份显赫功劳主动让给了朝廷中张牙舞爪的魏忠贤，“宁锦危急，赖厂臣调度以奏奇功”。但魏忠贤在论功劳时，却将这位前线总指挥列在了功臣榜上的第八十六位，随后继续排挤袁崇焕，说袁崇焕“暮气”，使得袁崇焕被罢职。皇太极怎么都拿不下的袁崇焕，魏忠贤轻轻松松就拿下了。

但比较幸运的是，天启皇帝很快病危，他选中了五弟朱由检并嘱咐：“吾弟当为尧舜。”朱由检即位之后，改元为“崇祯”。

新继位的崇祯皇帝很快就将魏忠贤拿下，并在崇祯元年（1628年）就赶紧起复袁崇焕督师蓟辽。说起来“督师”一职，还在辽东经略之上，此前就只有帝师孙承宗一个人做过，可见此时崇祯对袁崇焕的信任之深、期望之重。

于是很快就有了本文开头的那一幕，提出“五年平辽”的督师袁崇焕迅速地赶往毛文龙所在的海岛。

毛文龙对于整个战局的作用，是硬刚不足，但牵制有余。袁崇焕自己也不是不知道，在宁锦之战时，袁崇焕就曾主动肯定过毛文龙：“孰知毛文龙径袭辽阳，旋兵相应，使非毛帅捣虚，锦宁又受敌矣！毛帅虽被创兵折，然数年牵制之功，此为最烈！”

即便如此，袁崇焕还是对毛文龙下手了，开始封锁毛文龙的补给线。其实袁崇焕早就对大学士钱龙锡表示：“恢复当自东江始。文龙可用则用之，不可用则去之。”

对于袁崇焕封海这一针对性的操作，毛文龙多次向崇祯皇帝求援，并且说得相当惨烈，也相当沉痛：“是拦喉切我一刀，必定立死”“诸臣独计除臣，不计除奴，将江山而快私忿，操戈矛于同室”。同时，毛文龙也曾将他没能恢复辽东这事甩锅给朝廷的大臣：“究其根实文臣误国，而非臣之误国。”对此，崇祯皇帝给予了一定抚慰，他也没想到袁崇焕竟会真对毛文龙下死手。

崇祯二年（1629年）六月初四，以“阅兵”为名的督师袁崇焕终于自宁远赶到双岛，毛帅毛文龙率东江军热烈欢迎。对于袁崇焕，毛文龙还算是尊重的，曾好几次亲自拜谒袁崇焕，两人相处也还不错。所以他本人也没料到袁崇焕竟是来下死手的。

但袁崇焕试探毛文龙应当及时告老还乡时，毛文龙尚且懵懂又自信地表示：“但唯我知东事”“此处谁代得”。毛文龙这副舍我其谁的姿态，令袁崇焕“益不悦”。另外袁崇焕又提出要犒赏全体官兵，向毛文龙索要官兵的花名册。毛文龙表示犒赏眼前双岛上的3500多士兵就够了，还想掩藏实力。

第二天袁崇焕检阅官兵时，发现其中大部分将官竟然都姓毛。毛文龙解释说“此皆予孙”，这都是我的孙子。对此袁崇焕对众人笑说：“大家海外辛苦，受我一拜。”

等到众人谢恩完毕，袁崇焕转身便责问毛文龙，一开始毛文龙非常不服——“文龙犹倔强”。有备而来的袁崇焕顿时给毛文龙罗列了十二条当斩的大罪：

> 专制一方，兵马钱粮不受文臣核查，一当斩。
>
> 人臣欺君，专戮降人难民冒功，二当斩。
>
> 夸大其词，大逆不道，三当斩。
>
> 侵盗军粮，不予士兵，四当斩。
>
> 擅自贸易，私通外国，五当斩。
>
> 千名将官改姓毛，军队私人化，六当斩。

剽掠商船，甘为盗贼，七当斩。

强取民间妇女，部队风气败坏，八当斩。

逼难民偷挖人参，死伤无数，九当斩。

拜魏忠贤为义父，并塑雕像，十当斩。

铁山战败，掩败为功，十一当斩。

开镇八年，不复寸土，十二当斩。

可以说，这里面大多数罪状，都是当时极普遍的现象。比如就拿给魏忠贤塑雕像来说，袁崇焕自己就曾干过这事，其他人也有不少曾干过这事。又或是拿军队私人化来讲，此前亦有李成梁的李家军、戚继光的戚家军，甚至包括袁崇焕自己所建立的关宁军都存在明显的私人化倾向，士兵对领袖都相当崇敬和忠诚。

尽管如此，毛文龙还是没法辩解，只能“叩头乞免”。但袁崇焕还是当着众人的面用尚方宝剑将毛文龙斩于帐下，并发了狠话：“臣今诛文龙以肃军。诸将中有若文龙者，悉诛。臣不能成功，皇上亦以诛文龙者诛臣。”意思是自己如果不能实现五年平辽的终极目标，那么以后皇上就像他杀掉毛文龙一样，也将他袁崇焕杀掉。

对此，整个东江军“惮崇焕威，无一敢动”，任凭袁崇焕将东江军彻底改编。

当时就有副对联惋惜毛文龙说：

欲效淮阴，老了一半。

好个田横，无人作伴。

等到一切干完，袁崇焕才上奏崇祯皇帝说，“文龙大将，非臣得擅诛”，但是“然苟利封疆，臣死不避，实万不得已也”。

袁崇焕这一举动，无疑掀起了轩然大波。连崇祯皇帝本人都是“骤闻，意殊骇”，但事情已然如此，“且方倚崇焕”，期待着袁崇焕能五年平辽，便忍耐不发。

崇祯皇帝固然是隐忍了，但明朝人大部分都为毛文龙感到冤屈，认为袁崇焕不当杀他，乃至认为这是秦桧杀岳飞的翻版。明末的历史学家计六奇就认为：“崇焕捏十二罪，矫制杀文龙，与秦桧以十二金牌矫诏杀武穆，古今一辙。”

甚至都有人疑惑并猜测，袁崇焕是为与后金议和，但怕毛文龙泄计，所以应后金要求杀了毛文龙以示信。《幸存录·东夷大略》就说：“崇焕至宁远，即为讲款计。盖崇焕自奏捷后，即令番僧往吊酋奴，以讲款为辞，又归未就，再出，无以塞灭奴之命，遂以平奴自诡，虑岛帅毛文龙泄其计，遂深入岛，诱文龙斩之。”

张岱的《石匮书后集》里的《毛文龙列传》也记载了当时人的普遍看法：“督师袁崇焕莅事，适当女直主（努尔哈赤）病死，崇焕差番僧喇嘛镏南本座往吊，谋以岁币议和。女直许之，乃曰：无以为信，其函毛文龙首来。”“遂入城，请陛见，言崇焕许皇上五年灭寇，难践其语，故勾引入犯，遂以岁币啖敌，欲为城下之盟，故先杀文龙以为信物。上大怒，下狱处死。故时人谓其杀毛文龙，比之秦桧之杀岳飞。”

也有人写诗盛赞毛文龙就是被冤杀的岳飞：

昨夜营星色黯然，讣音忽向路人传。

但嗟韩信成擒日，不见蒙恬御敌年。

功业已沉沙碛雨，精灵犹锁海门烟。

好收战骨鸱夷里，归葬西湖岳墓边。

当时最有名的大才子钱谦益也写诗夸赞毛文龙的“孤忠”，肯定他的功绩：

鸭绿江头建鼓旂，间关百战壮军威。

青天自许孤忠在，赤手亲擒叛将归。

夜静举烽连鹿岛，月明传箭过鼍矶。

纷纷肉食皆臣子，绝域看君卧铁衣。

此外，还有《忠义录》等史书以及《辽海丹忠录》《镇海春秋》《铁冠图》等小说为毛文龙鸣冤，袁崇焕“斩帅误国”的声音也越来越大，乃至成为一时公论，所谓“袁斩毛文龙，一时无不谓其冤者”。

这使既搞议和又斩大将的袁崇焕，在人们的心目中愈发地靠近秦桧，靠近汉奸。

四

斩了毛文龙后，希冀五年平辽的袁崇焕，也正在加速自己的死亡。袁崇焕接手东江军之后，一方面裁减人员，另外一方面却又“增饷银至十八万”。

袁崇焕大概也是迫不得已，一方面固然查清了毛文龙的底细，“文龙一匹夫……其众合老稚四万七千，妄称十万，且民多，兵不能

钱谦益像 出自《清代学者象传》 叶衍兰、叶恭绰编

钱谦益（1582—1664），字受之，号牧斋，晚年号蒙叟，江苏常熟人，明神宗万历三十八年（1610年）庚戌科进士榜第三名。他是明末清初诗坛的领袖之一，号称“当代文章伯”，被赞誉为王世贞后文坛最负盛名之人。

二万”，同时也必须得安抚这些东江军。另一方面也真切地了解到了皮岛的资源何其匮乏又窘迫，只能向朝廷请求增饷。这时候的袁崇焕大概才真正感受到毛文龙的困境和不容易。

此前毛文龙孤守皮岛时，甚至还获得过这样的赞誉：“不费国家一把铁、一束草、一斗粮。”基本上是靠自给自足，搞海外贸易，靠朝鲜援助等，朝廷拨给毛文龙的物资实在有限。

两相对比起来，袁崇焕的这一举动，让崇祯皇帝不得不对他起疑心，“颇以兵减饷增为疑”。

这还不算完，袁崇焕杀毛文龙，还导致了一连串的连锁反应。

崇祯二年（1629 年）十月，再无后顾之忧的皇太极决定绕开袁崇焕重点防御的宁锦防线，借道蒙古，从喜峰口攻破长城，直冲大明的北京城。对此，时人的看法也比较一致。王在晋就认为：“不杀岛帅，则奴顾其巢穴，必不敢长驱而入犯”，“文龙杀而虏直犯京城”。后来修《明史》的清人自己也这样说：“文龙既死，甫逾三月，我大清兵数十万分道入龙井关、大安口。”

这让崇祯皇帝和袁崇焕俱大惊失色：一个东拼西凑，调各路军来勤王。另一个火速带兵驰援，所谓“心焚胆裂，愤不顾死，士不传餐，马不再秣”。

十一月初四，袁崇焕的前部赵率教带四千精兵最先赶到，很快全军覆没。

眼见敌军这么生猛，袁崇焕接着又犯了一个错误。出于军事作战经验来讲，明军野战难以取胜，只能依城而战才有足够的胜算。袁崇焕本可以将敌军阻挡在京城之外的蓟州至通州一线，但他最终还是将敌军放进了京城，想在京城决战。这就是只考虑军事，而忽略了政治。

尽管袁崇焕在军事上确实是正确的，最终也成功击退敌人，但仍让整个北京城疑虑四起，所谓“都人骤遭兵，怨谤纷起，谓崇焕纵敌拥兵”，官员们甚至因袁崇焕“前通和议”，怀疑袁崇焕是刻意“引敌胁和，将为城下之盟”。连袁崇焕的老上级孙承宗也认为：“袁崇焕列阵于通州左右，不宜逼驻京城。”

袁崇焕如此选择，不能不让崇祯皇帝感到相当疑惑——“帝颇闻之，不能无惑”，对袁崇焕的疑心大起。在面对袁崇焕进城休整的请求时，崇祯皇帝果断拒绝。

在这样一个充满了怀疑和猜忌的大环境里，皇太极也及时出手了，故意使了一个“反间计”。即故意在己方俘虏的两个太监周边低语：“今日撤兵，乃上计也……意袁经略有密约，此事可立就矣。”然后特意放走两人，让他俩回去“奔告于帝”。

在这样本来就“举朝皆疑”的情况下，皇太极这本不算高明的一招，成了压死骆驼的最后一根稻草。崇祯皇帝下定决心要对袁崇焕动手了，尽管表面上的罪名没有用上这一点。

崇祯皇帝明面上问罪的是“杀毛文龙”及“致使敌兵犯阙”两件大事，这让袁崇焕感到“一时语塞”。于是崇祯果断将袁崇焕扔进大狱。

这事一出，大家纵然疑虑袁崇焕，但对其战斗力还是颇为认可的。崇祯皇帝的侍读文震孟就表示“袁罪当诛”，只不过“此时非其时也”。

和这些文臣不同的是，袁崇焕麾下的关宁军感到非常失望和惊恐。

大家纷纷从军事角度表示："京师城门口大战堵截，人所共见，反将督师拿问，有功者不蒙升赏，阵亡者暴露无棺，带伤者呻吟冰地，立功何用？"于是袁崇焕帐下的祖大寿，在袁崇焕被抓之后，马上就带着一万五千关宁军奔赴宁远。

这令崇祯皇帝和朝廷异常惊恐，无奈之下，最终还是请袁崇焕写信给祖大寿，让祖大寿回归朝廷。袁崇焕开始不愿写，但最终还是决定写信并劝祖大寿应顾全大局。得到袁崇焕信的祖大寿果断回军，这让崇祯皇帝有所宽慰，开始思量"守辽非蛮子（袁崇焕）不可"，也就是说袁崇焕到底是生是死还说不准。

这时候朝廷给袁崇焕定的主要罪名还是"叛逆"和"擅主和议"，即擅杀了毛文龙和纵敌入京。

于是各方力量都开始发力。想保袁崇焕的多是关外的将士，可不论他们如何呼天喊地，崇祯皇帝都不加理会。御史罗万爵申辩袁崇焕并非叛逆，结果被削职下狱。还有一位叫程本直的布衣百姓非常敬佩袁崇焕，写了本《白冤疏》上疏给崇祯，表示"崇焕冤死，义不独生"。结果崇祯皇帝便真将此人杀了。

要杀袁崇焕的，以首辅温体仁为主，此人是毛文龙的同乡，一直想为毛文龙报仇。此外御史高捷等人将更多人牵扯进来，形成更大规模的案子："（钱龙锡）主张袁崇焕斩帅致兵，倡为款议，以信五年成功之说，卖国欺君，秦桧莫过。"就因为之前袁崇焕和钱龙锡隐隐聊过杀毛一事。总之，这是要把袁崇焕等人牢牢地跟秦桧划等号。

这件事的可怕之处就在于，它隐隐能将五年平辽、杀毛文龙、纵敌入关、城下议和等事通通串联在一块，让人细思极恐，好像一切都是袁崇焕早有预谋。这张由谣言、猜疑、怨恨所编织起的大网，终于将袁崇焕牢牢束缚住，丝毫动弹不得。

于是崇祯皇帝下达了最终的判决结果："依律磔之。"事到如此，敢为袁崇焕说话的都没了，剩下的大臣当然都纷纷表示："其罪不宥。"

此外，还要"夷三族"，即将袁崇焕家、母亲家、妻子家通通抄斩。得亏袁崇焕的崇拜者余大成私下里恐吓主理此案的兵部尚书梁廷栋说："公今日斩焕，而不能禁疆场之无事，吾恐异日将又将以焕为题目也。"也就是说，今天你这样搞，明日清兵再来，你的三族恐怕也是这样。

于是梁廷栋赶紧同温体仁商议，最终将袁崇焕七十多岁的母亲、几岁的小女儿、妻子、弟弟发配三千里，母亲家和妻子家不再加以牵连。

但袁崇焕本人，还是得遭受磔刑，也就是凌迟。按规定是要割一千刀后，才能将其杀死。

临刑前，进士出身的袁崇焕吟了一首绝命诗：

一生事业总成空，半世功名在梦中。

死后不愁无勇将，忠魂依旧守辽东。

袁崇焕死时，离当初约定的所谓的"五年平辽"还剩三年多的时间。对于这一结果和现象，很多人都给予了讽刺，比如张岱就说："五年灭寇，寇不能灭，而自灭之矣。"

另外一位学者黄道周讽刺更甚："袁崇焕以七阅月之精神，仅杀一毛文龙，而欲持五年之期，坐收全胜。身卒磔死，为天下笑。”意思是袁崇焕杀毛文龙就花了七个月，还指望什么五年平辽呢，结果落得这个下场，为天下笑。

袁崇焕的上司王在晋也吐槽袁崇焕真是自己找死：“文龙杀而虏直犯京城，明知而故悖之，崇焕之祸，其真自取耳。”

五

袁崇焕活着的时候，大家都觉得他是个汉奸，是个该死的秦桧。等到袁崇焕死后，大家才慢慢回过味来，觉得这个人其实不应该死，这是个冤死的岳飞。

《明史》为袁崇焕说过一句话：“自崇焕死，边事益无人，明亡征决矣。”也就是说，袁崇焕一死，整个大明朝无可避免地更快地走向毁灭的深渊。当时士兵的价值观普遍是：以督师之忠，尚不能自免，我辈在此何为？

此后，崇祯皇帝愈发感到捉襟见肘、心力交瘁，最终还是想着得同皇太极进行此前袁崇焕想做而未做成的事——议和。

不过此事极为秘密，崇祯皇帝派陈新甲单独和对方联系，反复嘱咐千万不能泄露。但有一天陈新甲跟金人和谈的绝密文书还是被泄露了，顿时整个朝野震惊，难以理解“天朝上国”怎么能同“蕞尔小邦”议和。而陈新甲表示自己不背锅，这是皇帝的圣意。

于是恼羞成怒的崇祯皇帝再甩锅给陈新甲，并直接杀掉：“特恶其泄机事，且彰主过，故杀之不疑。”自此，失去了同皇太极议和的最后可能。

可现在不仅仅是外患，还有内忧。崇祯十七年（1644年）正月，李自成大张旗鼓地定都西安，气势汹汹地向北京进军。

此刻唯一还能对付叛军的，就是此前袁崇焕训练的关宁军，此时他们的主将已换作了吴三桂，但关宁军得防守山海关之外的清兵。如果调吴三桂入关，那么丢失关外的重大责任又该由谁来承担?

不想背锅的崇祯皇帝于是让大臣讨论，让不让吴三桂入关。有了陈新甲的例子在前，大臣们都很小心翼翼，谁也不敢开口，最后还是首辅陈演将皮球踢了回去："一寸山河一寸金，锦州告急，宁远兵万不可调。"

眼看着大明朝这艘破船已然四面漏水，但皇帝和大臣还是这样推来推去，尤其是陈演，主打的就是"一句不肯实说，一事不肯担当"，总之就是不可能背锅。像此前袁崇焕那样主动前去打战、主动前去议和、主动背锅的人，再也没有了。程本直就说过"举世皆巧人，而袁公一大痴汉也""举世所不得不避之嫌疑，袁公直不避之而独行也"。大家都不敢和金人议和，怕背负骂名，怕承担责任，唯独袁崇焕敢为之。

这样一推，就是三个月。结果，实在没办法的崇祯皇帝在三月初六终于下定决心让吴三桂入关，但已然迟了。李自成的大顺军实在来得太快，三月十八日就攻破京师，十九日崇祯自缢身亡，不知道这一刻自缢的崇祯会不会想起袁崇焕。

估计是不会的，因为哪怕到了最后关头，三月十七日时，崇祯皇帝大概是想起了曾甩锅给文臣的毛文龙，他同样在疯狂甩锅，表示

“文臣个个可杀”，“皆诸臣误朕也”。此前，他也曾发出过类似的感叹：“朕非亡国之君，而诸臣尽为亡国之臣！”

总之，都是你们大臣的错，朕反正没错。关于崇祯这一极限操作，还真吸粉不少。比如当年明月在《明朝那些事儿》里就说过一个普遍现象：“崇祯很勤政，崇祯并非亡国之君……几百年来，我们都这样认为。”

可真是大臣都对不起崇祯吗？后人在复盘这段历史的时候，还是认为崇祯咎由自取，比如杀袁崇焕就是自毁长城，而袁崇焕的形象也终于得以由秦桧慢慢变成岳飞。

《明史·袁崇焕传》就说：“初，崇焕妄杀文龙，至是帝误杀崇焕。”后来的历史学教授樊树志就据此评价说：“如果说袁崇焕杀毛文龙是妄杀，是一大错误，那么思宗（崇祯皇帝）杀袁崇焕便是误杀，错上加错。”

当时的余大成非常惋惜袁崇焕的遭遇，将其和岳飞对比，并认为他是更冤枉的岳飞：“力捍危疆，而身死门灭，其得罪大略相似。但武穆有子霖、孙珂，能白其冤。而督师竟允绝，圣世谁复为《金佗稡编》者？可叹也！”

至于后来写了《碧血剑》和《袁崇焕评传》的金庸，也是借用文徵明的词将袁崇焕和岳飞对比：“‘慨当初，倚飞何重？后来何酷？’[①] 崇祯对待袁崇焕，实也令人慨当初倚之何重，后来何酷。”

此外，也有相当极端的言论，比如张岱就把袁崇焕和毛文龙等都

① 出自文徵明《满江红·拂拭残碑》。

骂一通："秦桧力主和议，缓宋亡且二百余载。崇焕以龌龊庸才，焉可上比秦桧。亦犹之毛文龙以么魔小卒，焉可上比鄂王？"认为袁崇焕连秦桧也比不上，至于毛文龙自然更说不上是岳飞。

也有拉偏架的，无限拔高袁崇焕的，比如梁启超就认为："若夫以一身之言动、进退、生死，关系国家之安危、民族之隆替者，于古未始有之。有之，则袁督师其人也。"哪怕是袁崇焕杀毛文龙，梁启超也认为是对的，并臆测"文龙不死，安知其不执梃为诸降王长"。

除此之外，还有"袁如不死，满洲不能坐大，即未必克入主中原，故袁死所关之重，有同岳飞于宋"等此类观点，认为袁崇焕相当重要，甚至重要到了袁崇焕一个人就能决定一个国家的安危存亡的程度。

这显然也是过于夸张的，袁崇焕本身也是一个人，一个既有突出才能也有明显毛病的人。血气方刚、敢作敢当，这固然是他的长处，但鲁莽任性、不管不顾也是他的短板。

不仅仅是袁崇焕，与其命运捆绑在一块儿的崇祯皇帝、毛文龙，同样也有各自的优点和缺陷。但不论如何，明朝的衰亡不是哪一个人能够掌握或者改变的，不仅仅袁崇焕没这么大能耐，崇祯皇帝、毛文龙，又或熊廷弼、孙承宗等其他人同样没这么大能耐。

明朝的崩溃是一场系统性的全方位的大崩溃，不仅有强大的异族强势崛起并入侵，庞大的农民起义军，还有严重的财政危机，可怕的自然灾害，以及极端的朝廷党争等，当这些问题杂糅在一块儿犹如乱麻时，绝非任何一人之力能够逆转。

但这也恰好突显出，在这样风雨如晦的危急存亡之际，光芒乍现的袁崇焕有多么难能可贵，哪怕一度被人误会成秦桧，也终能逆袭成岳飞。就像他的名字一样，在近乎绝望之际还能给人带来火光、辉煌和希望。

哪怕这希望的火光转瞬即逝，也能支撑那些黑暗里的人们继续往前走，一直朝着光明走下去。

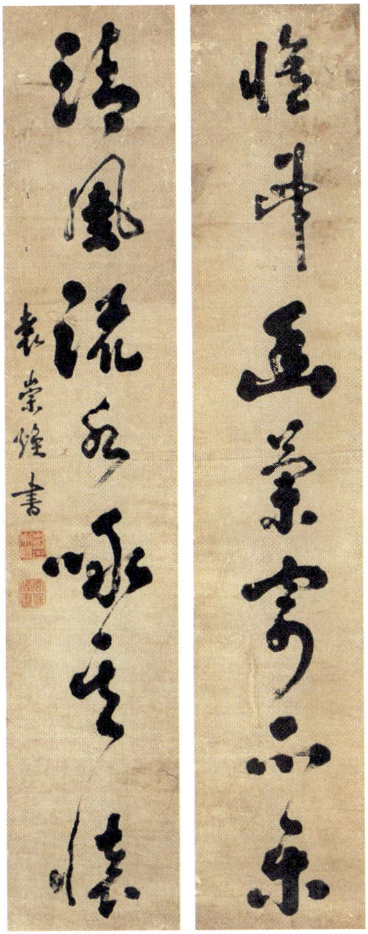

【明】袁崇焕 行书书法

袁崇焕虽然以武将的身份闻名，但他在文学、书法等艺术领域也有着深厚的造诣。所题书法原文为：

惟此幽兰寄所乐，清风流水咏其怀。

这两句诗体现了他高雅的审美情操和文人的特质，更透露出他内心的情感世界。“幽兰”“清风”“流水”等自然意象，是袁崇焕自己高洁品质的写照。袁崇焕有诗作《边中送别》：“策杖只因图雪耻，横戈原不为封侯。”《明实录》记载袁崇焕“职五年关上，不受人一丝”。可见他为官清廉，不图名，不为利。

叁

镜中众生相

——历史人物的多重面貌

司马昭弑君

——三国权力斗争中的妖怪现形

一

公元 260 年，魏甘露五年五月，曹魏宫廷发生了一场震惊天下的流血事件：甘露之变。它还有另一个更直白的叫法——司马昭弑君。

魏国的皇帝曹髦被司马昭的人杀于宫廷，史载：“济即前刺帝，刃出于背。”曹髦被兵刃捅穿了身体，当场去世。曹髦是曹操的曾孙，魏国第四任皇帝，如果曹操在世的话，大概怎么都想不到自己的子孙有一天竟会命丧宫廷，难道真有因果循环？

历朝历代都不乏逼宫作乱的权臣，但胆敢弑君的没几个，远的不说，以曹操、曹丕父子当年权势之盛，汉献帝刘协好歹还被封为山阳公得以善终。同时期东吴的诸葛恪、孙峻、孙綝等接连专权乱政，权柄大到能擅行废立的地步，几个人又都残忍嗜杀，可也少有敢直接杀掉皇帝的。

司马昭弑君，骇人听闻！而纵观整个弑君事件，司马昭并未亲自出面，临危背主的，下令杀人的，动手弑君的，也都另有其人，他们比司马昭更加活跃在弑君事件的前台。谄媚的、卑鄙的、愚蠢的人性大戏在他们身上各自上演。

二

弑君事件的导火索是小皇帝曹髦的反抗行动。

自 249 年高平陵政变起，司马氏在魏国专权已经十余年了，到了 254 年司马师废魏帝曹芳，改立 13 岁的曹髦为帝。曹髦上位不久，朝廷就赐司马师“大都督、假黄钺、入朝不趋、奏事不名、剑履上殿”的殊勋。所谓“奏事不名、剑履上殿”，指臣子朝拜君王时可以不被称呼姓名，可以穿着鞋子带着兵器上朝，之前得到此荣誉的人只有曹操、董卓等。所以在司马师、司马昭看来，这个十多岁的娃娃无疑是他们兄弟二人的提线木偶，可渐渐地他们发现这个小娃娃似乎并没有想象中的好控制。

一个标志性的事件是，255 年司马师病逝于许昌，其弟司马昭从帝都洛阳赶赴许昌接掌大将军印，这样一来，一贯由司马氏当政的朝廷一时出现权力真空，曹髦当即就下旨，以东南初定为由，让司马昭驻守许昌，同时又下诏令尚书傅嘏率领大军返回洛阳。曹髦意在趁机剥夺并分化司马昭的兵权，至少不让司马昭回京辅政，承继父兄的权位。

但此计被司马一党的傅嘏和钟会看穿，在他们的极力劝说下，司马昭抗旨带大军回京，迅速稳定了政局。曹髦的第一次反抗以失败告终。

三

但曹髦的反抗并未停止。他自继位以来，就一直很注重收揽人心。

他一边派人巡视四方，稽查民间冤案，慰劳有功将士，一边常常在内廷宴请群臣，讲经论道。在太极东堂的经筵讲席上，曹髦聚集了不少儒生名士做文章、谈治国，寻找可信任的大臣，如当朝的司马望、裴秀、王沈等都是曹髦经筵讲席上的常客。

记住王沈这个名字，曹髦非常信任他，还尊称他为“文籍先生”。王沈当时的官职是散骑常侍，所谓常侍就是皇帝身边的顾问近臣，是可以近距离规谏皇帝得失的人。而在这之前，王沈的仕途一度跌入低谷，因为他曾经是曹爽的故吏，司马懿发动高平陵政变后，曹爽被诛，他的一干门人故旧也都受到了牵连，王沈就在其中，被免职罢官。直到曹髦继位后，因为颇具才学，王沈才逐渐得到重用，被擢升为散骑常侍、侍中之职，且和荀顗、阮籍共同编撰了一部史籍——《魏书》。

可以说，曹髦对王沈有着知遇之恩，但令曹髦没料到的是，正是这位自己颇为信任的“文籍先生”，却在后来成了司马昭的“关键先生”。

四

随着司马昭的权柄越来越大，野心也越来越大。

曹髦继位以来，群臣数次逼迫他封司马昭为晋公、加九锡、升相国，此时司马昭距离最高的皇帝位事实上只有一步之遥。面对朝廷的封赏，司马昭假惺惺地“前后九辞”，拒绝封赏，曹髦只好一次又一次下诏，几乎是恳求他受赏。到了甘露五年（260年），曹髦又一次封赏司马昭，这次，他没有拒绝。曹髦知道，司马昭不装了，大概快要摊牌了，所以留下了一句千古名言——“司马昭之心，路人所知”[1]。

260年五月，或许是预感时间不多了，或许是热血冲动，曹髦决定孤注一掷。五月六日晚，曹髦召见了三名大臣，分别是侍中王沈、散骑常侍王业、尚书王经，他们都是曹髦较为信任的近臣，至少，曹髦是这样认为的。曹髦向他们告知了自己的计划——讨伐司马昭。当时曹髦手上可以倚仗的就是皇宫里的数百名侍卫，他计划率领这几百名侍卫杀出皇宫，讨伐司马昭。

但必须要说的是，曹髦虽有杀心，但他的讨伐计划并不周全，甚至有点幼稚，但从事发时的情形来看，如果行动隐秘迅速，能打司马昭一个措手不及的话，曹髦未必没有机会。

五

接下来就是几个人不同的历史时刻了。面对皇帝和盘托出的计划，三名大臣的反应很不一样。

先是王经，他的反应最为激烈：反对，极力地反对。

王经对曹髦说：“春秋时期的鲁昭公讨伐权臣季平子，最终落得个身败名裂、国破家亡的下场，现在司马昭就是当年的季平子，没那么

① 《资治通鉴·魏纪》中魏帝曹髦曰“司马昭之心，路人所知也”，暗示司马昭想要篡位的野心；而《三国志·魏书·高贵乡公纪》，斐松之注引《汉晋春秋》曰：“司马昭之心，路人皆知。”

好对付。”王经是刻意长司马昭志气吗？不是，他是真心在替曹髦考虑。王经说：“司马昭掌控朝政多年，朝廷内外都是他的党羽，就凭宫里的几百名侍卫去讨伐司马昭，无异于以卵击石。”

话虽然不中听，但的确是实情，王经恳切地说：“司马昭就像顽疾，陛下想祛除疾病没错，但强行讨伐很可能使病情加重，甚至有无法预料的结果。”总之，王经的意思是要慎重，至少不能如此鲁莽地去硬碰硬，得从长计议。

但曹髦听不进去，他说：“正使死何惧？况不必死邪！”就算死了，有什么好怕的，何况还不一定会死呢。说曹髦刚烈也好，冲动也罢，总之，他决意拼了，说完就去禀报郭太后，准备要实施自己的讨伐计划。

然后是王沈和王业二人，他们的表现恰好相反。相比于王经的苦心劝谏，他们非常默契地选择了沉默，他们没对曹髦吱声，既没说反对，也没说支持。但他们却干了另外一件事——告密。曹髦禀报太后之后，王沈、王业转身就奔向了司马昭处，他们自己告密倒罢了，还要拉上王经一起，但王经严词拒绝了，并且留在了禁宫中。

就这样，原本大声反对的王经，最终没有离曹髦而去，深受信任的王沈、王业二人，转身就投靠了司马昭。

六

即便没有王沈、王业二人告密，司马昭也可能早就从眼线处得知了皇帝的讨伐计划，曹髦没有退路了。

第二天一早，曹髦亲自率领着几百名侍卫出宫讨伐司马昭。另一边，得知消息的司马昭也准备停当，安排部下贾充带领数千士卒杀进了皇宫。两支人马在皇宫南阙相遇，几百对阵几千，力量悬殊，曹髦不愧有其祖之风，持剑振臂高呼："吾乃天子，敢有动者灭其族。"

曹髦这一声威吓，还真把贾充的人马吓住了，史载部众"莫敢逼"，有的甚至都被吓退，逃跑了。"莫敢逼"其实很能反映部众的心理，司马昭和曹髦的矛盾再深，曹髦好歹也是皇帝，谁敢承担伤害皇帝的罪过呢?

眼看部众就要退却，形势很可能逆转，太子舍人成济说："事急矣，当云何？"他问上司贾充，该怎么办?经他的提醒，贾充也反应了过来，必须当机立断了，否则真有可能被小皇帝翻盘。但贾充也很机智，他也大呼了一声："司马公如果倒台了，你们还能活着吗?赶紧动手。"紧接着贾充又说："司马公养你们多日，就是为了今天，别说了，动手吧。"史书留下两个字：杀之。

贾充的话乍一听似乎有点道理，可仔细想想的话，就能发现贾充的狡诈，你贾充身居高位，侍奉司马昭多年，你们当然是一条船上的人，一荣俱荣，一损俱损。可我一个大头兵呢?事情成了不一定有我多少功劳，失败了必定背大锅。何况你怎么自己不动手?总之，收益极低，风险极大，很好懂的道理。

但总有不懂的，比如那个叫成济的小头领。或许是迫于上司的压力，也或许是被煽动，听完贾充的话，成济想也没想，抽出兵刃就朝曹髦刺了上去——"刺帝，刃出于背"。

成济刺穿了曹髦的身体，亲手结束了皇帝的性命。

【清】文瑞楼广百宋斋《图像三国志演义》

司马懿是曹魏时期的重要权臣，在曹魏政权中逐渐掌握了实权。其子司马昭继承了父亲的权力和地位，积极筹划代魏自立。曹髦试图摆脱司马昭的控制，却遭司马昭的心腹贾充指使侍卫杀害。这一事件让司马昭背上了弑君的恶名。通过政治、军事手段，司马昭不断扩张自己的权势，最终导致曹魏衰亡，西晋建立。

七

“弑君”结束，接下来就是几个人不同的结局了。

先说王沈、王业。二人告密有功，事后王沈被封为平安侯，食邑两千户，王业则在入晋后担任中护军、尚书左仆射，仕途也是平步青云。

再说贾充，这位下令杀人、自己却未曾亲自动手的权臣，由于他“力挽狂澜”，事后被进封为安阳乡侯，统领城外诸军，并加封散骑常侍之职。而且因为此事，贾充更受司马昭信任与重用，甚至成为托孤重臣。可以说，贾充成为弑君的最大获益者之一。

然后是成济，最有意思的就是他的下场了。

曹髦身亡后，举朝震惊，司马昭当然也表现得很震惊，他伏地痛哭，表示要坚决追究弑君者的责任，为曹髦报仇。于是他给郭太后上书说：“听说曹髦想谋杀太后，所以我才派了兵马去皇宫保护太后，并且严令士兵不得靠近和伤害皇帝，岂知成济私自闯入兵阵，弑杀皇帝，简直罪不容诛。”

司马昭最后给成济的判决是——夷三族。成济听到这个消息很震惊，史载：袒而升屋，丑言悖慢。成济大概是气疯了，光着身子跑到屋顶，大骂司马昭、贾充，难听的话估计没少说。然后成济就被司马昭的人从楼下射成了刺猬，就此殒命。他的三族，随后都被诛杀。

司马昭也没有放过不愿投靠他的王经，王经全家都被诛杀。临终前王经向母亲谢罪，王母说：“人谁不死？往所以不止汝者，恐不得其所也。以此并命，何恨之有哉？”掷地有声。王经和王母被杀当天，洛阳城哀哭一片。

回顾整个弑君事件，或许有人会说，除了一个冤大头成济，似乎那些背主告密的、谄媚狡诈的，结局都还不错，甚至可以说他们赢了。

但他们真的赢了吗？

数年后晋灭东吴，贾充以胜利者的姿态挖苦吴主孙皓说：“听说阁下在南方挖人眼睛，剥人面皮，这是什么样的刑罚？”孙皓是怎么回应的呢？“人臣有弑君者，奸恶不忠者，就给他加这样的刑罚。”贾充闻之默然。

顺便说下，贾充因为弑君辅晋有功，后来跟晋武帝结为亲家，他的女儿就是大名鼎鼎的“妖后”贾南风，以一己之力引发了八王之乱。所以后世评价贾充，晋之篡魏凭借贾充，晋之灭亡还是因为贾充。当世就有人怒怼贾充：“天下凶凶，由尔一人！”而在贾南风倒台后。

至于王经和成济，近代史学家蔡东藩先生有首诗：

> 王经报主甘从死，成济弑君亦受诛；
>
> 等是身家遭绝灭，流芳遗臭两悬殊。

历史从不负责对错，它只保证：人在做，天在看。

让皇帝李宪
——唐朝聪明人的政治游戏

开元二十九年（741 年）冬，大唐的长安城显得格外寒冷，城外无数的植物齐齐垂下头来，枝叶之间已结满一层又一层的明亮冰晶。

唐明皇李隆基站在城头，正伤情地向远方眺望。很快，白茫茫一片的长安城下起雨来，眼看雨越下越大，这势必会使城外原本就难行的道路变得更加崎岖泥泞。

远处三十多岁的中年人庆王李潭一身素缟，神情肃穆，领着长长的出殡队伍在大雨里艰难前行，哪怕这一行就是十多里路，也不见他的表情有丝毫不耐烦。因为此刻的庆王李潭不仅是唐明皇李隆基的长子，更象征着唐明皇本人，是在为死者庄严送行。

只见茫茫大雨之中，忽有一座南北长约千米，宽约八十米，封土直径达三十米，高约十五米的恢宏陵墓隐隐约约地显露出来，恍如一头盘踞在此的庞大巨兽正在无声嘶吼。这是唐代帝陵中最大的一座陪葬墓，它的名字叫“唐惠陵”，但它还有另一个奇怪的名字——“让冢”。

埋葬在这里的主人叫李宪，跟奇怪的“让冢”一样，他也拥有一个很奇怪又很知名的谥号——“让皇帝”。

让皇帝李宪，本名李成器，是唐睿宗李旦的长子，唐明皇李隆基的长兄。李成器六岁的时候，就被李旦立为皇太子。并且，李成器这小孩确实成器，他从小就聪明，既精通音乐，又才气逼人，如果不出意外的话，他将稳稳地坐上大唐皇帝的位置。

意外说来就来，女强人武则天亲自临朝称制，并且一度上瘾，自己要当女皇帝。

李成器的皇帝老爸李旦也就直接被武则天降为皇嗣，李成器则跟着降级为皇孙。他和包括李隆基在内的兄弟五人都被赶出朝廷，去各自的封地做藩王。

就在李成器在地方做藩王的太平日子里，朝堂上却是风波四起。先是神龙元年（705 年），宰相张柬之、崔玄暐等人发动神龙政变，逼迫武则天禅位于李显，李显即唐中宗。

这一系列操作对于李成器来讲，就是自己奶奶先篡了自己爸爸的位，然后经过政变，皇帝的位置到了自己的伯父手里。

至于李成器原本的皇帝老爸李旦呢，则在这场政变中因为有功被拜为太尉、同凤阁鸾台三品，又以宰相身份参与国政，并加号安国相王。

此外，李旦还差点被现在的皇帝中宗李显立为皇太弟，但最终李旦还是主动拒绝了。同时这也就意味着，能够做皇帝的机会又一次离李成器而去。

对于李成器来讲呢，这非但没让他失望，反而令他松了一口气。在目睹了自家亲人之间发生的这么复杂又有戏剧性，且一场接着一场的权力大戏后，李成器深刻感受到权力斗争的虚无。权力只是暂时的，而斗争却是永恒的。

果不其然，朝政总是说乱就乱。

时间又过去五年，到了景龙四年（710 年）。这期间先有“韦后之乱”，即中宗李显的皇后韦氏专权乱政。她一方面勾结武三思等专擅朝政，一方面令其兄韦温掌握实权，从而形成一个以韦氏为首的武韦专政集团。

武韦集团很是凶悍，曾一再侮辱、挑衅当时的皇太子李重俊。但李重俊也不是一个好惹的皇太子。在景龙元年（707 年）的时候，忍无可忍的皇太子李重俊亲自率领三百余人的左右羽林军和千骑，冲入武三思的府邸，直接就杀死了武三思父子。随后又命令手下李千里率军闯入肃章门，在皇城内疯狂搜寻韦皇后、安乐公主与昭容上官婉儿等人。

可惜最终结果仍是功败垂成，皇太子李重俊最后被杀，韦皇后安然无恙。甚至因为皇太子李重俊杀了武三思父子，反而使得韦皇后更加大权独揽。

即便如此，韦皇后还是不满足，干脆下毒让碍眼的丈夫中宗皇帝直接驾崩。随后，韦皇后便立年仅十六岁的温王李重茂为皇帝，史称唐少帝，改元为“唐隆”。韦后则以皇太后的身份临朝摄政。很明显，韦后就是要效法之前的女皇武则天，篡夺、把控唐室江山，实现自己的女皇梦。

这是一轮很复杂的操作：皇后欺负了不是亲生的皇太子，皇太子想要干掉皇后却惨遭反杀，接着身为妻子的皇后又干掉了当皇帝的丈夫，只为自己也想当皇帝。其中，这位落魄而不失英勇、但最终仍旧为他人作嫁衣裳的皇太子的凄凉下场，给李成器留下了很深的印象。

这还没完，涉及至高权力争斗的游戏还在继续进行。接下来，作为少帝叔父又被拜为太尉的李旦，和作为少帝姑姑的太平公主，则无可避免地成为韦后夺权篡位的下一个主要障碍。韦党也理所当然地决定要将二人置之死地。

就在这局势逐渐微妙并且足够危险之际，李旦的一个儿子挺身而出了，这个人不是老大李成器，而是老三李隆基。

与始终无所作为的老大李成器不同，老三李隆基老早就未雨绸缪。一方面在京师暗中招揽豪杰，一方面则与姑姑太平公主密谋匡扶社稷。

一到关键时刻，早已准备妥当的李隆基当即火速打着“诛诸韦以复社稷，立相王以安天下”的旗号，直接引兵杀入内宫，韦皇后等人吓得一路逃入飞骑营，结果反被斩首。

此外，属于韦后一党的宗楚客、安乐公主，包括著名的才女诗人上官婉儿等人，也都在这一役中相继被杀。李隆基更是亲自带着人在全城搜捕韦氏集团人员，但凡身高高于马鞭的韦氏集团男性一概杀掉，这就是著名的“唐隆政变”。

政变之后，少帝李重茂迫于形势，只好请求让位于叔父李旦。李旦便于太极殿登基，再一次即位为睿宗皇帝。也就是说，这么稀里糊涂地绕了一圈又一圈，当初被亲妈武则天抢走皇帝之位的李旦，现在又被亲儿李隆基给推回了皇帝之位。

与此同时，这时候完全没有掌控能力的睿宗李旦，还面临着一个极为纠结的问题。他自己固然是当了皇帝，可到底该选哪个儿子做皇太子呢?

要是按照以前的游戏规则，毫无疑问，当然是立嫡长子李成器为储君。但自唐朝开国以来，就不带这样玩的了，万里江山是要自己打的，皇帝的位置是要自己抢的。此时的老大李成器和老三李隆基二人，明显后者的实力更强、势力更大，威望也更高。

再者，当初高祖李渊时李世民上演的玄武门之变并不遥远。要是老老实实按规矩立嫡长子李成器，很难说此次立了大功的老三李隆基不会效仿当年的太宗皇帝。并且这次政变也让李旦明显感到，老三李隆基既有这样的能力，也有这样的魄力。

选择接班人一直都是极为棘手的难题，换谁都够头疼的。但令所有人没想到的是，这一次却被轻而易举地解决了。

还没等各方势力进行各种深度筹谋和算计，早就看穿一切的当事人李成器自己率先站了出来，以“国家安则先嫡长，国家危则先有功”为正当理由，主动向睿宗李旦呈交了一份“辞让书”，坚决辞让自己的太子之位。

并且这还不算，只要皇帝爸爸一天不答应，演技不错的李成器就天天一把鼻涕一把泪地哭给大家看，非要辞让储君之位不可。总而言之一句话：我不玩了。

对此，骑虎难下的皇帝李旦拍了拍胸脯，算是松了口气，及时答应了。

李隆基还得走走形式，赶紧上表辞让说："这位置是大哥的，我咋能坐呢？"

李旦当然不许，并且赶紧做最后的总结陈词："左卫大将军、宋王成器，是朕的长子，本当立为储君，但以三子李隆基有社稷大功，人神共睹，由此，我以其诚心让位，言在必行。天下大公，诚不可夺。从天人之愿，立隆基为储君。"

至此，一直跟随李隆基的刘幽求等政变功臣也都松了一口气，当即纷纷表示支持，李隆基也就被李旦立为皇太子。

那么主动让位的李成器呢？则是既给荣誉，又给待遇。一方面在名誉上，封雍州牧、扬州大都督、太子太师；另一方面在物质上，实封二千户，赐五色绸五千段，细马二十匹，奴婢十户，大住宅一区，良田三十顷。就好好做你的富家翁去吧。

对于这样至高权力的争夺，本来最应该在乎的李成器做到了不争不抢，安心做他的富家翁。可另一边的姑姑太平公主却坐不住了。

想当初，"唐隆政变"明明是她和李隆基两人发动的，可凭啥政变之后，李隆基就能当皇太子，并且权柄越来越大，而她的权力却相应地一再受控。

尤其是在景云三年（712年），睿宗李旦不顾妹妹太平公主的反对，毅然把帝位让给了李隆基。李隆基继位，并改元为"先天"之后，姑侄二人的矛盾更加激化。

就在太平公主又要发动政变，准备对付李隆基时，一切早有准备的李隆基再一次先发制人，亲率亲信十余人，一路击杀太平公主党羽，像左、右羽林大将军常元楷、李慈，宰相岑羲、萧至忠等通通被杀。

哪怕太上皇李旦亲自出面为妹妹说情，请求李隆基恕其死罪，大权在握的李隆基也毫不犹豫地拒绝了。最终，太平公主被赐死家中，这就是著名的“先天政变”。也就是这一年，李隆基把年号改为了那个后来令无数诗人都赞美和缅怀的“开元”。

这时候我们回头再看，出来上蹿下跳跟李隆基玩权力斗争的太平公主没了，而一直老老实实不争不抢的李成器，则不断升职加薪。

先是先天元年（712 年），李隆基登基，是为唐玄宗。晋封李成器为司空，没多久又晋升为太尉，依旧兼扬州大都督之职，再加实封一千户。不久之后，又加授开府仪同三司。等到了开元四年（716 年）时，李成器避昭成皇后里的“成”字，也就是避李隆基亲妈的尊号，主动改名为宪。这一举动，让李隆基大受感动，直接封李宪为宁王，实封五千五百户，历任泽、泾二州刺史。

此刻被封为宁王的李宪，所奉行的原则大概就两条，一是坚决不争权，二是好好生活。他深知，这两条原则也绝不是并列的。第一原则是保证第二原则的基本前提，只要不去争权，就可以好好生活；反过来，只要好好地践行第二原则，就能反映第一原则遵守得不错。

他有时候也会回想，像之前那些深度参与政治权力斗争的亲属、家人们几乎也都没什么好下场。奶奶武则天是被逼下台病逝的，伯父李显是被毒死的，伯母韦皇后是被斩首的，姑姑太平公主是被赐死自尽的，堂弟李重俊是政变失败被杀的，堂妹安乐公主也是因政变被一路追杀的……更让人警醒的是，这些熟悉的面孔、熟悉的亲人，不是被外人杀害的，而是死于自家亲人之间的彼此倾轧，互相杀害。

深刻感受到其中荒诞性的李宪，便极为聪明地选择了彻底放飞自我：

喜欢花，就命人在花梢上系金铃，一旦有鸟雀来，金铃发出响声，便立刻有人来驱赶鸟雀，保护花朵。这可谓是名副其实的护花使者。

喜欢花灯，就在府邸帐前罗列些用木雕的矮婢，饰以彩绘，并且各执华灯，从天一黑就点灯，一直到次日天亮再熄灭。这就是所谓的“灯婢”。

喜欢声色犬马，就大搞宴会。跟宾客聊天时，则先含嚼沉麝①，再开口说话，这样一来，便能让香气溢于席上。喜欢搞文艺，就请各种诗人文豪来，大搞沙龙，像李白、王维等当世一流大诗人都曾是他的座上宾。此外，他自己也相当擅长吹笛和画马，非常文艺浪漫。

乃至喜欢女人，就花钱抢人老婆。比如有次宁王李宪就花钱夺走一位卖饼郎的娇妻，一年后他竟又把卖饼郎招来，询问那女子：“你还想他吗？”而等到卖饼郎和那女子见面时，女子霎时间不由泪流满面。一旁多情的诗人王维写诗记录了这一幕，这就是著名的讽喻诗《息夫人》：

> 莫以今时宠，难忘昔日恩。
> 看花满眼泪，不共楚王言。

类似这般有钱任性、有钱荒唐的事情，宁王李宪确实没少做过。但是争权造反的心，却从未有过。相对来讲，他是一个比较包容的人，王维讥讽他几句，他也并不打击报复。

他不仅仅自己尽可能地与世无争，对于儿子的教育也同样如此，

① 沉麝，指沉香、麝香两种香料。

只要好好地热爱艺术，享受生活就好。

他的长子李琎，就跟爸爸一样。从小雅好音乐，擅长羯鼓这种唐玄宗最爱的乐器。小伙长得也很帅，据说是“姿质明莹，肌发光细”，还一度被称为“花奴”和“酿王”。李琎也同样深得李隆基喜爱，被册封为汝阳郡王。

单提李琎这个名字似乎没那么出名，但一提到汝阳王却是非常有名。杜甫《饮中八仙歌》里提到的，仅次于贺知章的第二位酒仙就是他：

汝阳三斗始朝天，

道逢麹车口流涎，

恨不移封向酒泉。

一个活脱脱的酒仙、全无野心的王爷形象，跃然纸上。

可以说，李宪父子这一派诗酒风流、全无野心的德行，一时间相当深入人心。

宁王李宪父子聪明、自觉地规避权力中心，每日就只是诗酒音乐，寻欢作乐，既不去干议时政，更不与权臣交结。唐玄宗李隆基呢，可以说，表现得也很不错，他始终没有辜负李宪父子。除了给荣誉，涨工资以外，也是真把李宪当哥哥。

每年一到李宪的生日时，李隆基都亲自去庆贺，在一起大搞聚会。只要一有什么好吃的好玩的，马上就先赐给李宪。以至于李宪表示感谢的奏表，年年都高达数百页，李隆基的赏赐之丰可想而知。

在李隆基得到所谓的长生不老药时，也要跟李宪分享，并且一再表态：“今分此药，愿我们兄弟同保长寿，永无极限。”只要有弟弟我的，就有哥哥你的。

开元二十八年（740 年），李宪卧病在床，李隆基一再派人送医药、送珍膳，并且是一个接着一个，以至于前后接连不断。而当僧人崇一给李宪治疗，李宪的病渐渐有所好转时，李隆基便直接特赐崇一绯袍鱼袋。

到了次年冬天，长安尤其寒冷，以至于凝霜封树。李宪看到后，感觉不吉利，认为：“树稼，达官怕。”他预感到一定会有大臣因灾难死去，而这个人就是他自己。之后，李宪果然在这个冬天去世，享年六十三岁。

《旧唐书》记载了李隆基的反应，他在得到消息后，一度是“号叫失声，左右皆掩涕”。并且李隆基次日就及时下诏，追谥哥哥李宪为“让皇帝”。

何为“让”？推功尚善曰让，德性宽柔曰让。

李宪的儿子汝阳王李琎还是一贯低调，连忙上表，一再强调我父亲死之前跟我说了，他不能接受帝号。李宪哪怕到死，都还在谦让。真可谓是聪明了一辈子。

对此，李隆基的表现也很性情，态度也很坚决，就两个字：不许。

等到册封那天，李隆基令当时最得宠的宦官高力士送自己的亲笔手书放在李宪的灵座之前，并且书称“隆基白”。这就是以小弟自居，不以皇帝自称。

等到出殡之际，就有了最开头的那一幕。

这还没完，等到李宪死后，连同汝阳王李琎在内的李宪的十个儿子，无不历官封袭，个个荣华富贵。

对此，清人何亮基在游惠陵时，不由发出感慨，高度赞扬李宪的人生智慧：

宫中喋血千秋恨，何如人间作让皇。

其实李宪的聪明和智慧，不仅仅在于面对至高的权力斗争时，能够避免“宫中喋血千秋恨”，避免骨肉相残，保全子孙后代。同时也在于他能够主动规避责任。做一个喝酒爱玩、爱搞艺术的王爷没什么，反而符合人们心中那种风流王爷的人设，人们甚至觉得可爱、有趣，这其实是优点。

当然倘若一个皇帝也这样，难免显得昏庸。像南唐后主李煜、宋徽宗赵佶，一再被人批评埋怨：“风流才子，误作人主”“诸事皆能，独不能为君耳”，又或是“作个才子真绝代，可怜薄命作君王”等。

不说远了，就连后期昏庸的李隆基，不也因为贪玩、好美色等，最终没能履行好一个皇帝的职责，从而招致类似“善其始，而不善其终”的无数批评吗？

这时候我们重新审视“让皇帝”李宪，从权力夹缝中的人的生存哲学来看，不难发现这是真正具有大智慧的人生赢家。

毕竟在古代社会的权力游戏规则中，要服从就要小心翼翼做完全程。一次的做作、倔强或倨傲，可能让多年的努力和伪装付诸流水。做一天“李宪”很容易，难的是做一辈子“李宪”，没有任何纰漏。

后来的岳飞就是这样，他不是不懂迎合顺从，只是他克服不了性格里的倔和强，动不动就看不惯、忍不住、受不了，要拍桌子、瞪眼睛地去叫板，对那些掌握更大权势的人来说，这往往是“间歇性招人喜，但持续性讨人嫌”。

所以在这场权力的游戏里，岳飞式的人物，往往因坚守原则而受挫，最终被“淘汰”出局，而李宪式的人物却因不争强活到最后，“笑”到最后。

状元郎韩敬

——从状元堕落成晚明士人的“刽子手”

一

晚明年间，在浙江归安的老家里，有位姓韩的状元郎默默逝世了。

至于他具体死于哪一年？哪一天？是病死？又或老死？《明史》上并没有明确记载，既没人在意，也没人知道。

唯一能确定的是，在他死前，早已是郁郁不得志。想要找寻他的相关信息，都得去其他人的传记或文集里，这里搜一点，那里蹭一点，东拼西凑，这样才能隐隐约约地勉强拼凑出他一生的大致轮廓。

这是一个很微妙又很冷酷的信号。它表明这位本应该被万人瞩目的状元郎，在当时就已经显得无足轻重了。

在明代做状元，进则能够像申时行一般，前途不可限量，一度是可以做大学士、首辅、太子太师的；就是退，也有像杨慎这样的，一辈子著书立说，大搞学问，名震天下。不管是进是退，这些状元的行迹都是既清晰又明确的，始终都是人们重点关注且津津乐道的。

而这位不太一样的韩姓状元，名叫韩敬。他是明代极为少见的既没有正经人物传记，又没有系统别集存世的一位“双无”状元。

二

韩敬，浙江归安人，从小文采就好，极有天赋。家里为了支持他的学业，让他能够拜名师，学制义，花了足足五十金的高额学费，终于拜得一位叫汤宾尹的名师。

这位汤宾尹老师，也是一位妥妥的学霸型人物，曾在万历二十三年（1595 年）的考试中取得一甲二名，即榜眼及第。汤宾尹尤其擅长撰写制义，还编选出版过很多时文选集。他在朝廷中写的各种制书诏令，时不时就受到当时神宗皇帝的高度赞赏。

韩敬师从汤宾尹这样的名家学习，再加上自己又很努力，写文章、搞制义的水平自然很快就提高了。

今天我们还能看到汤显祖的文集序言里，有韩敬留下来的为数不多的写作内容，比如“归来柳色，依然槐棘春风；老去荷衣，更喜斓斑朝舞”“摩挲吉光之裘，片羽亦祕；饥渴缣缃之袭，连城未偿”等词句，这些都能让我们感受到韩敬的刻苦用功和超高的文学素养。

很快，拥有这般实力的韩敬参加了万历三十八年（1610 年）的科考。这一年是庚戌年，发生了庚戌科场案。

韩敬参加会试的时候，一看试题中规中矩，发挥正常。韩敬感觉以他这样的实力，拿个会试的第一名会元，应该没什么太大问题。

但问题很快就来了。韩敬的试卷非但没被选中，反而被考官随手丢进了垃圾桶。

关键时刻，幸亏韩敬的老师汤宾尹及时出现。汤宾尹恰好也是本次的分校会试房考，得以去其他各房串门，翻阅考生答卷。

这样溜来溜去、翻去翻来的汤宾尹突然眼前一亮，在某位考官房中的垃圾桶里，发现了本已经被涂抹淘汰的韩敬的考卷。

汤宾尹当即就将这份试卷带了回去，极耐心地细细清除污迹，重新加以圈点，严肃郑重地将韩敬的试卷录为本房第一。

汤宾尹这样一搞，顿时也让其他房考眼睛一亮，纷纷向老汤看齐，“于各房恣意搜阅，彼此互换，以乱其迹”。经过这一通操作之后，这样越房录取的考生竟然多达十八人。等到会试发榜之际，士论当即大哗，越房录取的丑闻一时间闹得人尽皆知。

尽管如此，一切压力都被汤宾尹稳稳顶住了。身为这场会试榜首的韩敬也得以暂缓一口气，现在他只需要继续努力复习，迎接最后的廷试即可。

不得不说，能够入围这一届廷试的考生近乎都是一时之选，整体水平奇高，竞争尤其强烈，时人号称“龙虎榜”。

在中国科举历史上，被称为“龙虎榜”的，寥寥无几。像唐代同样号称“龙虎榜”的贞元八年壬申科，就涌现出了像韩愈、欧阳詹、王涯、李观这样的一大批知名文人。

而韩敬遇到的庚戌这一科，同样也是猛人辈出。像马之骐、钟惺等也都是名噪一时的才子，但风头最盛、实力最强的还得数来自苏州的大才子钱谦益。

有一点需要我们注意，这个时候的廷试，已经不仅仅是个人才华上的比拼，同时也是个人财力上的比拼；其中更令人不可忽视的是，这亦是一场朝堂各党派之间的博弈。

也就是说，在当时全员党争的大环境下，一个人想要在廷试中夺得状元，过人的才华、足够的金钱和扎实的背景，这三者都缺一不可。

尽管条件看上去如此苛刻，但钱谦益偏偏就是这样的全能型选手。他不仅在才华上不输韩敬，是有名的大才子，还是有名的大富翁，在打点关系上，在能说得上话的诸多太监们身上，就足足花费了两万两白银。

更为重要的是，钱谦益的后台极硬，是朝廷中实力极为强盛的东林党人。早在钱谦益小时候，就曾跟随父亲去拜访过创办东林书院、号称“东林先生”的东林党领袖顾宪成，并且深得顾宪成赏识。

所以，在这场极为关键的状元之争中，强大的东林党人当然没掉链子，很给力地全方位支持钱谦益。

在这样一套行云流水般的暗箱操作下，很快，内阁就拟定好了最后的名次，排名第一的赫然就是钱谦益。

很快这个消息就传了出来，那些收了钱谦益的钱财的人都忍不住上蹿下跳一番，“司礼诸监俱飞帖致贺”“所知投刺者络绎户外”，一路上都是前来给钱谦益报信和贺喜的人。胜券在握的钱谦益当然很高兴，他有钱有才华还有背景，谁还能跟他斗？

钱谦益被内阁内定为状元这一事件，被这群太监极为高调地闹出了这么大的动静，一时间，大家想不知道都难。

对此，大部分人都选择了知难而退。而唯独有一人偏偏选择了迎

顾宪成苏州石刻像

顾宪成（1550—1612），字叔时，号泾阳，谥号“端文”，被尊称为“东林先生”。他出生于南直隶无锡（今属江苏），是明朝后期的重要官员和思想家，由于在立太子与推阁臣等问题上为神宗不喜，被革职归里。归乡后，他重建了东林书院，并在此聚众讲学，议论朝政，创立东林学派。他为东林书院题的院联“风声、雨声、读书声，声声入耳；家事、国事、天下事，事事关心”成为东林学派的精神象征，激励前来求学的学子们关怀国家时事，学以致用。顾宪成苏州石刻像刻于清道光七年（1827 年），其刻字“宪臣”疑当为“宪成”。

难而上，这个人是韩敬。

韩敬看得很明白，在这场所谓的状元之争中，原本最重要的个人的才华和能力，在此刻，已经变得相对不那么重要了。

此刻最重要的是站队。在朝廷激烈的党争之中，加入一个极有权势的政党，从而依靠该政党的集体力量，才有机会问鼎状元。钱谦益之所以能够被提前内定，不就是因为他背后站着强大的东林党么？

此刻的韩敬当然已经无法再选择东林党，他唯一还能选择的是“三党”。所谓“三党”，是此时朝廷中唯一能够对抗东林党的多党派联盟，其中就包含了齐、楚、浙、宣等党派，他们拥有着不亚于东林党的强大力量。

一如钱谦益自幼就结识了东林党领袖顾宪成，韩敬从小就拜为老师的汤宾尹，正好是三党中的宣党首领，在三党中也拥有极高的话语权。现在，只要韩敬选择站队三党，获得三党的鼎力支持，就还有同钱谦益一争高下的机会。

韩敬思来想去，决心加入三党，并与汤宾尹老师开始进行最后的努力，即“汤、韩密谋辇四万金进奉内帑”。你钱谦益不是花了两万两打点上下太监吗？韩敬一狠心，一咬牙，凑齐了四万两，干脆越过太监，通过三党的关系，直接走皇帝的私人账户。

很快，就到了最后确认名单、开榜公布的日子。神宗皇帝站在威严而肃穆的大殿上，郑重其事地接过内阁呈上来的早已拟好的状元名单，缓缓打开，映入眼帘的第一名那一行，赫然写着三个大字——钱谦益。

至此，关于“庚戌科状元”的博弈，终于到了最后关头，无论是韩敬，还是钱谦益，不管是东林党，还是三党，都不禁屏住了呼吸。

不多时，神宗皇帝用他极威严的声音轻轻地打破了整个大殿的寂静，只见他坚定而平缓地开口宣布道："本届庚戌科考的状元是——韩敬。"随后的第一甲二名，则由另外一位才子马之骐夺得，成为榜眼。

钱谦益呢，则滑落到一甲三名，成了探花。对此极为出人意料的结果，钱谦益表示"深恨之"，东林党人则集体沉默了。至于三党人员，则欢呼雀跃，毕竟一位新科状元所带来的影响力是巨大的。

三

如愿以偿的新科状元韩敬开始频繁地参加文人集社活动，四处结交才子文士。他不仅仅想在政坛上开拓进取，也希望能在文坛上大展身手。

对此，在万历三十八年（1610年），韩敬就颇为频繁地参加了各种集会、送别、宴饮、结社等活动。其中结交的就有开创竟陵派的著名诗人钟惺，以及马之骐、马之骏、陶崇道、沈德符、张联芳等当时的知名才子。

后来张联芳的侄子张岱，在他所作的著名的《陶庵梦忆》里就记录了自家叔叔张联芳与韩敬一起结社、交友的趣事："仲叔善诙谐，在京师与漏仲容、沈虎臣、韩求仲辈结'噱社'，唼喋数言，必绝缨喷饭。"其中的韩求仲，就是指韩敬。

眼看新科状元韩敬这般春风得意，另外一部分人则十分不以为意。

比如钱谦益，早在万历三十八年的会试之前，他还曾和韩敬、袁中道一起结社。但因为之后的状元之争，“盖敬贿巨珰，藉以潜易也”——韩敬竟然比他更能贿赂，这也使得“钱恨甚”。在之后那么多的文人聚会里，钱谦益拒绝再和韩敬同框出现，直接与他反目成仇。

同样的，整个东林党人及许多其他士人也相当不服。以至于当时很快流传出这样一副对联：

敬字无文便是苟；

林中有点不成材。

上联嘲笑韩敬“无文”，而下联则是批评韩敬的老师汤宾尹“不材”，因为汤宾尹别号霍林。

渐渐地，整个社会普遍开始认为韩敬这个状元有名无实，完全是依仗着汤宾尹和三党的背景巧取豪夺来的。

这很快就使得本该成为韩敬人生亮点的新科状元头衔，反倒变成韩敬洗刷不掉的历史污点。

实际上，韩敬之所以能够博得状元，固然与他的老师汤宾尹违规操作有关，但他有才华也是真的，并不像时人认为的那般完全名不副实。

写下浩浩五百万字史书《国榷》的谈迁，在他的《枣林杂俎》中就曾表达过韩敬的才华本足以让他博得一个科举的功名：“敬免官，终生不达。彼其才自足博一第，惜以主司累也。”

谈迁其人，写书取材以“选择谨严”知名，对韩敬的评价，大概是既不吹捧也不抹黑的。他认为以韩敬的才华，拿第一没毛病，只可惜被身后的政党连累了。

另外，写下著名戏剧《牡丹亭》的汤显祖也曾对韩敬的时文给予高度肯定，他在《寄韩求仲》的信中就一再称赞韩敬："忽见门下应制诸作，风骨情神，高华巨丽……皆足惊殊叹异。"并且一再表示韩敬"自是当时第一义""自是当今第一冤"。

在汤显祖看来，韩敬不仅是最有才的，同时也是最冤枉的。

再者，作为同一届参加科举的竟陵派大诗人钟惺就与"恨甚"的钱谦益不一样，他极为认可韩敬的才能，并且更是极为同情韩敬的遭遇，还曾写诗安慰韩敬：

十年明一冤，人生年几十？

可见始祸人，为谋亦不失。

此时的韩敬究竟有无才华，对于眼前的政坛来讲，其实早已不重要了。因为一度依靠汤宾尹、依靠三党背景崛起的状元郎韩敬，此刻早已被东林党人视为对立面，视为应该趁早集中火力打压的三党成员。

随着东林党的影响力越来越大，韩敬逐渐深陷两大党派权力斗争的恐怖旋涡之中。

四

很快，暗中蓄力并且精确瞄准的东林党人，就集体对着韩敬开火了。

万历三十九年（1611 年），吏部开始京察。所谓"京察"，即明朝每六年对南北两京的官员进行考核，一旦考核不合格，就直接将其罢黜，削职为民，堪称是明朝政党宫斗的绝佳法宝。

这一次主政京察的恰好是来自东林党的孙丕扬，孙丕扬二话不说，在京察中让汤宾尹直接见黜。

与此同时，此时身为翰林院修撰的韩敬也遭弹劾。对此，韩敬“疑钱挤之”，怀疑是钱谦益为了报复他，指使东林党人排挤他，这也让韩敬对钱谦益“亦恨甚”。但无可奈何的韩敬，只得默默称疾而去。

三党成员顿时坐不住了，眼看老汤和小韩眨个眼睛的工夫就都没了，这还得了？于是三党的其他成员也开始发力，东林党人孙丕扬进行精准报复打击，不多时，孙丕扬就被罢官。

这事仅仅是开始。通过这第一回合的交锋，东林党人明晰和坚定了一个理念，那就是汤宾尹和韩敬最好咬，要死咬不放。

接着是万历四十年（1612 年）的乡试，顺天一乡试考官又被爆出与先前汤宾尹同样的“越房录取”的行为。

东林党人乘机再次翻出汤宾尹、韩敬的旧案，表示必须严惩，决不能姑息，大明朝的考试必须公开、公平、公正。对此，两党之间又是一番撕扯。

随后，哪怕到了万历四十一年（1613 年）、四十二年（1614 年），东林党人一旦没有好的斗争对象，就把汤宾尹和韩敬拖出来开撕，而三党人员一方面可劲为韩敬开脱，另一方面则疯狂反咬东林党人。

就在这样年复一年的反复撕咬之中，状元郎韩敬别说成为大学士、进入内阁了，自身职位也随着三党和东林党交锋的形势不断摆动，一会儿被以关节（暗中行贿勾通官员之事）议处，一会儿又降职为行人司副长官（降两级）。

这样不断折腾的日子一久，原本心怀凌云壮志的状元郎韩敬逐渐感到，这样不断站队、不断争斗的党争生活，真的是很没意思。

等到了万历四十三年（1615 年），状元郎韩敬再也受不了这种一直被东林党人打压、无限憋屈的苦闷日子。在深感自己的政治前途注定无望的情况下，韩敬决定直接上书神宗皇帝，表示自己“异冤久郁”，已经郁闷很久了，然后冷静分析“是臣之祸，不在文章，不在科场，别有祸种”。

最后更是自爆猛料说：过去东林党人之所以没在万历三十八年（1610 年）发动猛攻，是因为当时还觉得韩敬是可拉拢的对象，但他拒绝了东林党，转而站在了与之对立的三党一边。

同时，正值东林党人李三才要入阁，三党成员因顾及韩敬曾直接对东林党开火反扑，他们联手阻挠了李三才的入阁之路，最终也导致李三才没能成功入阁，所以也就有了之后东林党人对韩敬年复一年的打击报复。

这一次，了解来龙去脉的神宗皇帝，最后给予韩敬的处理是“准冠带闲住”，即免去韩敬的一切职务，但保留其相关待遇，他在家里闲住的时候，还可以穿着相应级别的衣冠参加各种社会活动。

心灰意冷的状元郎韩敬此刻不但退出了朝堂政党的斗争，同时也退出了主流文坛的争锋。而他殿试之前的那些朋友，像钱谦益、钟惺、袁中道等猛人则不断在主流文坛上翻江倒海，名声也愈来愈大。

五

自从状元郎韩敬选择退隐，转眼间八九年的时光匆匆而过。

时间也从当初的万历四十三年（1615 年），变成了现在的天启四年（1624 年）。皇帝也由年老的神宗朱翊钧，换成了年轻的熹宗朱由校。在这些年里，退隐的状元郎韩敬大概做了两件事，一是倾注极大心力，搜集、整理、校对当时已逐渐失传、散佚的晚宋诗文，认真著书，搞学问。

尤其是当韩敬极为偶然地读到南宋爱国诗人刘辰翁的作品时，再一度深入了解其生平背景后，不禁觉得这人跟自己好像。两人都考了好成绩，都登了进士第，都没在官场混好，都只能退隐回乡，埋头著书。从韩敬自己记录的部分文字里，我们不难感知到他对刘辰翁的敬佩：

余偶于故簏中得记稿一帙，瑰奇磊落，想见其人，每读数过，辄恐易尽……

先生生党禁之时，超然是非之外。

而当他读完刘辰翁的部分作品，再也按捺不住，开始满世界地找寻刘辰翁全集。

尝以不得辰翁全集为恨，闻兰溪胡应麟遗书中有其名，往求之，卒弗能获。盖其散失已久。

从刘辰翁的身上，韩敬仿佛看到了自己，就此将刘辰翁作为自己寄托怀抱的最佳对象，并且一再表明自己对刘辰翁的深度同情和高度赞赏。其实呢，这也是状元郎韩敬对自己的无限同情和高度肯定。

对于韩敬的这番努力，就连多年之后被阉党残忍杀害的“东林七君子”之一的黄尊素的长子、编撰《明史》的智囊黄宗羲，都曾客观认可过，他表示：“韩求仲、周介生，选家巨擘。”

如今刘辰翁的词作保存数量能位居宋朝第三，仅次于辛弃疾、苏轼二人，韩敬实在功不可没。“此生不愿多才艺。功名马上兜鍪出，莫书生、误尽了人间事。”“休休莫莫，毋多酌我，我狂最喜高歌去，但高歌、不是番腔底。此时对影成三，呼娥起舞，为何人喜。”日夜都在吟诵前辈刘辰翁词作的韩敬，内心其实非常复杂，他也并没有真正学到刘辰翁那般“我狂最喜高歌去”的超然洒脱。

韩敬既想就此安心学前辈隐逸著书，又不太甘心完全退出朝堂，当初他被东林党人年年咬着不放的仇恨，他没办法完全化解。

当初的仇恨就是一颗埋在心底的种子，尽管刘辰翁的词作能够时不时短暂地将其抑制、缓解和消磨，但终究未能彻底磨灭掉。再经过这样长时间的浇灌，反而使得这颗种子不断向内扎根，不断向外发芽。终有一日，它将疯狂地彻底爆发。

退隐的状元郎韩敬为了返回朝堂，还花费心力干了第二件事——复仇。

韩敬在重新打量、审视和分析当今朝堂的局势和情况后，最终决定借用《水浒传》一百单八将的名号和形式，极有创意地，也极戏谑、极滑稽、极诙谐地编了一本恶名昭著的《东林点将录》。把那些东林党人都当作引颈待戮的土匪强盗一般，将他们极为详细地一一列于名单上。

六

写完书的韩敬就只差最后一步，选择最合适的人，将书献出去。

此时天启四年的朝廷政党格局变化极大，像过去韩敬所熟悉的，宣党、齐党、楚党、浙党、昆党等政党都已不复存在，天启三年，他们被强大的东林党人通过京察的方式几乎一网打尽。

现在朝堂上唯一还能跟强大的东林党抗衡的，是一个看上去半旧半新的政党——阉党。

说它旧，是因为残留下来的三党人士大多加入该党。说它新，是因为它的首领再也不是什么宣党的汤宾尹、齐党的亓诗教等，而是历史上的知名公公——魏忠贤。

这时候朝堂政党之间的玩法和规则，也逐渐变得更加残忍、更加冷酷。过去东林党人和其他党派的对决，还只是一伙人打倒另一伙人。一旦打倒，也就罢了，几乎不会危及性命。比如当初深陷党争中的韩敬本人，就还能有退而著书的可能。

这时候的阉党则改变了游戏规则，变成了一伙人整死另一伙人，不整死对手绝不罢休的玩法。在这样更加险恶又更加残忍的新环境下，已经隐逸多年的状元郎韩敬，开始露出他最为狰狞、扭曲、险恶的一面，他放下自己的一切骄傲、清高和坚守，满怀恶意地将这本《东林点将录》献给了阉党，并且很快就传到阉党首领魏忠贤的手上。

不得不说，这位曾经的庚戌状元，而今的阉党打手韩敬，实力确

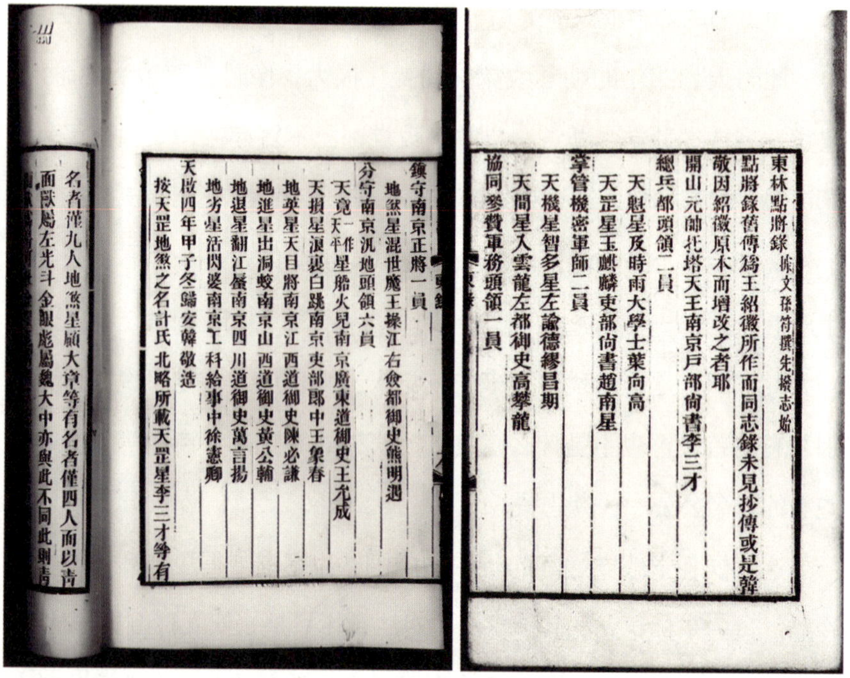
東林點將錄 倣文孫符撰先撥志始
點將錄舊傳為王紹徽所作而同志錄未見抄傳或是韓
敬因紹徽原本而增改之者耶
開山元帥托塔天王南京戶部尚書李三才
總兵都頭領二員
天魁星及時雨大學士葉向高
天罡星玉麒麟吏部尚書趙南星
掌管機密軍師二員
天機星智多星左諭德繆昌期
天閒星入雲龍左都御史高攀龍
協同參贊軍務頭領一員

鎮守南京正將一員
地煞星混世魔王操江右僉都御史熊明遇
分守南京汎地頭領六員
天寬一作天平星鼎火兒南京廣東道御史王允成
天損星浪裏白跳南京吏部郎中王象春
地英星天目將南京江西道御史陳必謙
地進星出洞蛟南京山西道御史黃公輔
地退星翻江蜃南京四川道御史萬言揚
地劣星活閃婆南京工科給事中徐憲卿
天啟四年甲子冬歸安韓敬造
按天罡地煞之名計氏北略所載天罡星李三才等有

名者僅九人地煞星顧大章等有名者僅四人而以青
面獸屬左光斗金眼彪屬魏大中亦與此不同此則青

《东林点将录》书影

《明史》中提到天启年间魏忠贤的附庸大臣王绍徽等撰所谓《东林点将录》，令魏忠贤按氏名逐朝士，但明朝时期文秉在《先拨志始》（编撰早于《明史》）中提到韩敬编造《东林点将录》以陷害东林党人的事实：

绍徽复造《东林同志录》罗列诸贤姓名，又韩敬造《东林点将录》计一百八人，邮致都门，按籍搜索。于是诸贤受祸，无一人遗漏矣。《点将录》旧传王绍徽所作，而《同志录》未见抄传，或是韩敬因绍徽原本而增改之者耶？

《东林点将录》作为东林党被攻击和诋毁的重要文件之一，也被文秉附录在书中，末尾明确提到“天启四年（1624年）甲子冬归安韩敬造”。该书仿照《水浒传》的方式，将东林党的成员进行编排，列出一百零八人名单，并附上相应的绰号，比如天巧星浪子钱谦益等。这份名单实际上是对东林党的一种攻击和诋毁，企图通过模仿梁山好汉的方式将东林党人描绘成“贼寇”，以此来达到削弱东林党的影响力和迫害东林党人的目的。

实不凡。他所作的这本《东林点将录》基本上可以号称“东林七录[1]之首”，像其他同类作品，无论是《天鉴录》《同志录》，还是《蝇蚋录》《蝗蝻录》，既没有它的名气大，也不如它好使。即便是没什么文化的魏忠贤在翻阅此书时，都连连称赞道：“笔挟风霜乃尔！”

紧接着，阉党魏忠贤对着《东林点将录》的名单，高高举起杀戮东林党人的屠刀。随后，极残酷的“前六君子”“后七君子”等著名惨案先后发生，顿时震惊了世人。

此刻无论是台前挥刀的阉党领袖魏忠贤，还是幕后献书的状元韩敬，都被牢牢地钉在历史的耻辱柱上。曾经的状元郎摇身一变成为阉党的打手和走狗。对于这一身份，无论是韩敬曾经在人前辛苦搏来的状元荣誉，还是在人后他曾为刘辰翁的作品所作的一切贡献，都无法洗刷这个历史污点。

同时，韩敬越是有过这样那样的荣光、坚守与贡献，也就越是给人一种“卿本佳人，奈何做贼”的惋惜和痛恨，以及“我最怜君中宵舞”的同情。这种惋惜和同情，不仅仅是对于韩敬个人，还是对一个群体。因为当时党争的大环境使得如韩敬这般的精英士人大多被“棋子化”“靶子化”，从而不仅使得个人的才华无法得到发挥，也使人的品性异化、心性黑化。

我们不难发现，随着党争愈发激化，倾轧愈发严重，天启年间，已再无像张居正那般的政治家，因为这个时候已然没有适合政治家诞生和生长的土壤环境。

① 东林七录，包括《点将录》《天鉴录》《同志录》《雷平录》《剃裨录》《蝇蚋录》《蝗蝻录》，主要记录了东林党人的名单及其被指控的罪行，为魏忠贤等人兴起党狱提供了依据。

取而代之的，要么是韩敬这样异化、黑化的打手，要么是杨涟、顾大章等一系列的战士和烈士，再想要实现所谓的政治理想，已然全无可能。

韩敬过去最大的对手，之后也一度进入政坛，同样深陷党争，被“棋子化”“靶子化”的钱谦益就曾写过一句诗感叹：“事到抽身悔已迟，每于败局算残棋。”

所以在这场波云诡谲的政党斗争之中，这些最有才华的精英士人们，无论是站三党，还是站东林党，又或是站阉党，最终的归宿其实都是一样的，他们无一不成为政治斗争中的牺牲品。

这种牺牲不仅仅关乎本人，还会伤及后代。像韩敬的儿子韩纯玉尽管同样颇有才华，但正因为韩敬这一步踏错的黑历史，最终也只能“抱憾终身，不求仕进”。

这对韩纯玉而言或许是幸运的。终身不求仕进，远离官场的他反倒真正得以自由自在地吟啸山林，效仿苏轼写出这样恬淡又安适的诗句：“红叶窗中无俗事，白云乡里有温柔。”

流放小说家

——清末绝唱《老残游记》作者之死

一

光绪三十四年（1908 年）六月，清廷在南京逮捕了一名要犯，罪名包括：垄断矿利、盗卖仓米、勾结洋人。

简单来说：汉奸。

朝廷的判罚也很快下达：该犯发往新疆永远监禁，所有产业充公。

一年后，这名罪犯客死新疆乌鲁木齐，他叫刘鹗，晚清奇人。

二

刘鹗一生的奇，可以用几个词稍作总结。第一个词是“著书”。

刘鹗写了不少书，有两本比较著名。一本叫《老残游记》，鲁迅说它是“晚清四大谴责小说”之一。严复评价：“中国近一百年内无此

刘鹗肖像

刘鹗（1857—1909），清末小说家，谱名震远，原名孟鹏，后更名鹗，字铁云，号老残，出生于江苏丹徒（今镇江市丹徒区），寄籍山阳（今江苏淮安市辖区）。他博学多才，早年并不热衷于科举考试，而是致力于实用学问的学习，对水利、算学、医学、金石、天文、音律、训诂等各种学问都有深入的研究。他不仅对西方的科学和技术有兴趣，也是一位精于考古的学者。他的《铁云藏龟》一书最早将殷墟甲骨公之于世，对后世的甲骨学研究产生了深远的影响。

小说。”王国维看完后说：“不意中国亦有此人！可与英国最高小说平行。”可见其评价之高。

另一本叫《铁云藏龟》，也很牛，这是历史上最早的甲骨文图录书籍，我国甲骨学研究由此拉开序幕。

第二个词是“水利专家”。

光绪十四年（1888 年），黄河在郑州决口，生灵涂炭。为了治理水患，朝廷多次更换督工，却久久不能合龙。当局一筹莫展之际，刘鹗谒见河道总督吴大澂，毛遂自荐。

光绪十四年九月刘鹗上任河工，他非常负责，常常“短衣匹马，与徒役杂作，凡同僚所畏惮不能为之事，悉任之”。数月后，决口被堵住。次年，山东又遭黄河水患，山东巡抚张曜檄调刘鹗到济南，任山东黄河下游提调，刘鹗拟《治河七说》，参与黄河治理。

刘鹗任提调的三年里，黄河未曾出现严重灾祸，民念其功，“水利专家”名噪一时。

第三个词是“修铁路开矿”。

中日甲午战争后，清廷签《马关条约》，丧权辱国。无数人意识到必须振兴民族工商业，尤以建路开矿为先，刘鹗就是其中之一。但修路要钱，开矿要技术，清政府样样缺。刘鹗主张：引进外资。提出所谓“御各强兵力之侵逐”，使各产业间“辗转相资”，“开通风气，鼓舞农工”。

理想很丰满，现实却很骨感。当时外患严重，引外资、给路权非常敏感。为了成事，刘鹗甚至出任英国福公司的经理，跑到北京贿赂官员。光绪帝的老师翁同龢在日记中说：“刘鹗者，镇江同乡，屡次在

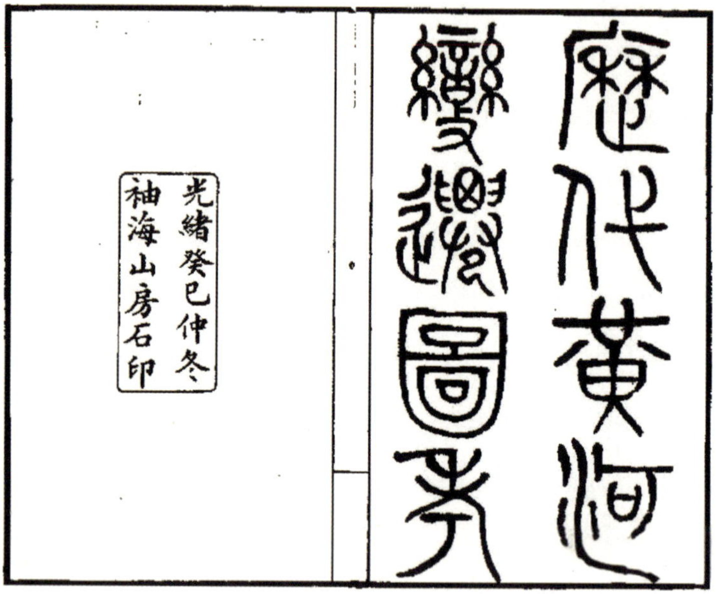

《历代黄河变迁图考》书影 【清】刘鹗

在清光绪十四年（1888 年）到光绪二十一年（1895 年）间，刘鹗参与了治理河南、山东两省的黄河水患。他第一次用近代技术完成了豫、直、鲁三省黄河图的测绘工作，为黄河的治理提供了重要的数据支持。同时，他还编著了《历代黄河变迁图考》和《治河七说》，这些著作在黄河水利史上具有重要地位。在古代，治理黄河具有深远的象征意义。黄河，作为中华民族的母亲河，其治理不仅关乎百姓的生计和社会的稳定，更象征着国家政权的稳固与天下的太平。

督办处递说帖，携银五万，至京打点，营干办铁路，昨竟敢托人以字画数十件餂（诱取）余，记之以为邪蒿之据。”

在很多人看来，刘鹗为外商求路权，谋私利，无异于开门揖盗，引狼入室。时人谓：刘鹗丧权卖国。

罗振玉在《刘铁云传》中说：“于是（晋矿）事成而君‘汉奸’之名大噪于世。”

三

第四个词是“赈灾”。

1900 年刘鹗 43 岁，这一年发生了一件改变他一生的大事，八国联军入侵北京，当时以慈禧为首的清政府早已逃之夭夭，北京城几乎没有进行有效的抵抗，联军如入无人之境，借着搜捕“拳匪”的名义，在京、津一带烧杀淫掠，无恶不作，老百姓遭受了深重的灾难。

法国士兵就回忆：教士怂恿我们屠杀、抢劫……我们奉命在城中为所欲为三天，爱杀就杀，爱拿就拿，实际抢了八天。

美国作家马克·吐温也撰文揭露：仅在河北任丘县一处，基督传教士梅子明以“用人头抵人头”为口号，就杀害了中国无辜农民 680 人。

士兵用火点燃民房，将那些惊慌失措、手无缚鸡之力的百姓驱赶至大街上，全部用枪射杀，仅仅是郎家庄一次，被杀的就有 200 多人。

四

慈禧逃走了，最惨的莫过于留京的老百姓。大难猝兴，北京城如人间炼狱。

“京津民众走则无资，留则无食。月初有西友向京师来去，见京官宅中，男子逃走，女子自尽，尸横遍地者；有大门紧闭而举家饿死者。”杀死的、烧死的、饿死的，数不胜数。全城之食，粮源断绝。

刘鹗当时居住在上海，他完全可以不蹚这趟浑水的，毕竟无论是清廷的达官显贵，还是当官的、当兵的，能逃的都逃了。

但刘鹗还是前往北京，他下定决心：赈灾。赈灾不是口号，要钱，要粮。刘鹗变卖了淮安的田产，又搜罗了家中的细软财帛，合计凑银一万二千两。

与此同时，刘鹗还找到当时的一个民间组织——中国救济善会，寻求支持与合作。刘鹗致函该会的发起人陆树藩：“弟寒士也，摒挡一切……共一万二千两，愿作救济北京之用。如无人去，弟愿执役。”

五

刘鹗抵京后，被眼前的景象震惊。《时事志略》记载：“腐肉白骨，横于路途。”所谓“白骨露于野”，莫过于此。刘鹗随即开始赈灾，主要分两步。

第一步是解决吃的。

刘鹗用筹集来的银子购买粮食，免费分发给灾民，同时联系各地的善款和救济粮驰援北京。《刘鹗日记》记载："平民男女日领粮者，不下数万口，颇形拥挤。"同时，为了缓解北京粮价太高的问题，刘鹗设平粜局平抑粮价，高抛低收，杜绝奸商趁机涨价。

第二步是防疫。

没错，侵略者屠戮过的地方，哪里会少得了疫病。刘鹗带人先收埋街上的横尸，然后又逐户收埋庭院里的积尸，将露天的尸体统一收集并埋葬。

之后又进行了各类防疫工作，杜绝疫病的发生。刘鹗在北京的赈灾，不知不觉成了近代中国民间最大的赈灾行动，并且还是在洋人的枪炮下进行的。顺便说一下，刘鹗之前致函的中国救济善会，后来换了个名字，叫中国红十字会。

转眼到了次年，刘鹗在北京赈灾已经半年有余。1901 年春，因为南方交通受阻，各地的赈灾粮和善款都无法抵京，灾民面临着赈粮即将断绝的困境。

一筹莫展之际，刘鹗得到消息：因为不吃大米，占领海运仓的俄军准备焚毁仓米，腾作兵营。海运仓是清廷皇仓，储备了大量的粮食。八国联军入城之前，清政府逃离，圆明园也好，皇家粮仓也罢，无异于拱手送给了入侵者。

得到消息的刘鹗立即想了个办法，你们不是要烧嘛，还不如卖给我。于是刘鹗动用自己当年和外商以及各国使馆较为熟悉的社会关系，联系到俄军，想低价购粮。

当然，刘鹗请了哪些外商和外官当说客，又是如何说服俄军的，我们已不得而知。但结果是，俄军将粮食卖给了刘鹗，售价三万两。

刘鹗用这批大米保证了赈灾粮的供应，救了不少百姓。但刘鹗无论如何都想不到，正是这批赈灾粮，几年后把他送上了不归路。

六

当时有不少人想要刘鹗的命。

1889年刘鹗在山东河工的任上，有个同事，叫袁世凯。当时的山东巡抚叫张曜，因为水利之功，张曜十分器重刘鹗，袁世凯却悒悒不得志。袁世凯托付刘鹗向张曜推荐自己，但张曜却说："袁（世凯）才可爱而性未定，资可造而识未纯。使独任必愤事。"不许。袁世凯却认为是刘鹗从中作梗，从此结怨。

还有个人叫世续，他是当时的工部侍郎，刘鹗的父亲得罪过他，他因此迁怒于刘鹗。

1907年，袁世凯和世续都进入军机处，掌握朝政，二人一拍即合，伺机报复刘鹗。

没想到仅仅一年之后，机会就来了。1908年初，刘鹗与程文炳等人合股购买了南京浦口九袱洲的荒地，想作为商埠之用。刘鹗购地后不久，朝廷准备兴建京浦铁路，为支持修路事宜，刘鹗还慷慨捐出四百亩地皮用于兴建车站、栈房。

当地江浦县有个叫陈浏的巨绅，此人曾经在总理衙门工作，现在告老还乡，称霸一方。刘鹗在浦口购买的地中就有他的。眼见地皮涨价，陈浏就找到刘鹗想要原价购回，但刘鹗拒绝了他。祸苗就此埋下。

七

陈浏为报复刘鹗，利用自己在朝廷的关系，致书当朝御史吴某，说刘鹗替外商洋行购买地产，勾结洋人。而且，陈浏还重提当年刘鹗在北京赈灾的事，说他联系俄军，此为勾结外敌。私售皇仓，更是大逆不道。称刘鹗为汉奸，绝对的汉奸。

陈浏的控告书很快到了袁世凯、世续手上，他们的反应也很快，袁世凯当即密令两江总督端方调查并捉拿刘鹗。

当年六月，刘鹗被捕，军机处面奏："已革知府刘鹗，贪鄙谬妄，不止一端，请旨惩处。"意思是刘鹗贪婪妄逆，必须惩处。朝廷最终下旨："刘鹗违法罔利，怙恶不悛，著发往新疆，永远监禁。该犯所有产业，著两江总督查明充公。"

1908 年农历六月，刘鹗由南京出发，至汉口，经过湖北、河南、甘肃，历经酷暑严冬，半年后，到达乌鲁木齐。刘鹗在新疆的戍所是一个废弃的马厩，条件极差，他一度要到当地的寺庙干杂役，才能讨口素斋度日。

刘鹗幻想过朝廷大赦，查明真相，还他清白，但他明白："项城（袁世凯）当政，我无归日。"

1909 年 8 月 23 日（清宣统元年七月初八），刘鹗突患脑溢血病殁，终年 52 岁。到了民国，蔡元培上书南京国民政府："清末刘铁云（鹗），博学嗜古，首先研读甲骨文字，有功文坛……遭搆诬陷，以卖太仓谷谴戍新疆，卒于戍所……当世冤之。迄本事二十余年，拟请中央复查原案，明令昭雪，藉申枉屈。"

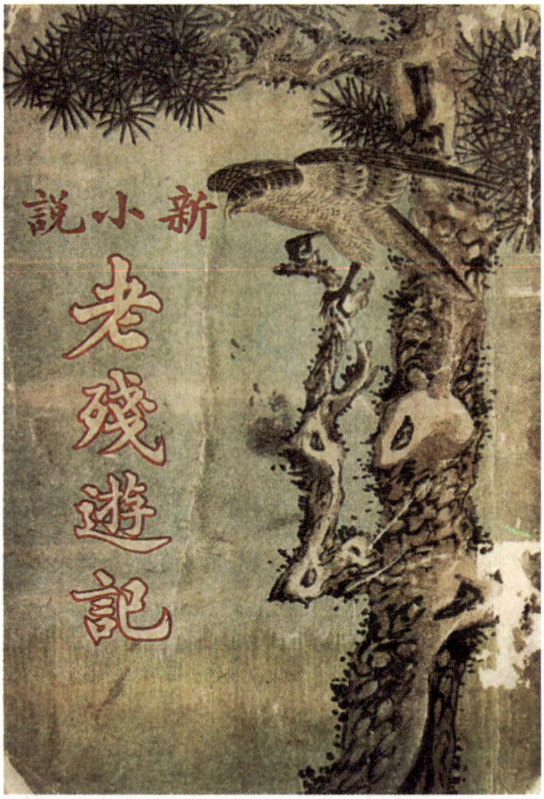

《老残游记》书影 【清】刘鹗

刘鹗最广为人所知的是他的小说《老残游记》，被誉为“晚清四大谴责小说”之一。刘鹗字铁云，而小说中老残姓铁，名英，号补残，是一个具有正义感和同情心的江湖郎中，他摇串铃走四方，用自己的医术和见识为百姓解除病痛，同时也见证了社会的黑暗和腐败，反映了作者对封建末世“棋局已残”导致人民苦难深重的深刻洞悉，想要补救末世残缺。

在蔡元培等人的不懈努力下，南京国民政府于 1934 年发还了刘家被查抄没收的田产和书画，并公开登报为刘家正名，洗清了其冤屈。

至此，这顶戴在刘鹗头上近三十年的“汉奸”大帽，终得摘除。

刘鹗曾写过一首遣兴诗：

窗前树影偷遮月，屋里花香不借风。

百年后再看，刘鹗之名，又何须借谁之风。著过生民之述，行过济世之事，奇才刘鹗，已够辉映青史。